Verlag an der Ruhr

Impressum

Titel:
Nie mehr zu viel zahlen – Kopfrechentraining für den Alltag

Titel der amerikanischen Originalausgabe:
Doing Simple Math in Your Head

Published by Coast Publishing,
P.O. Box 3399,
Coos Bay, OR 97420

Verlag an der Ruhr
Postfach 102251 – 45422 Mülheim an der Ruhr
Alexanderstraße 54 – 45472 Mülheim an der Ruhr
Tel.: 02 08/439 54 50 – Fax: 02 08/439 54 39
E-Mail: info@verlagruhr.de – http://www.verlagruhr.de

Autor: W. J. Howard
Illustrationen (in dieser Ausgabe): Florian Metz
Übersetzung: Florian Habermann
Druck: Uwe Nolte, Iserlohn

ISBN 3-86072-589-0

Die Schreibweise der Texte folgt der reformierten Rechtschreibung.
Zahlungsmittel beim Rechnen ist der Euro.

Gedruckt auf chlorfrei gebleichtes Papier.

Inhaltsverzeichnis

Einführung

Sie werden vermutlich zum Taschenrechner greifen, wenn Sie eine Aufgabe wie 17 · 23 ausrechnen wollen, oder Sie schnappen sich Papier und Bleistift. Doch wenn diese Hilfsmittel aber außer Reichweite sind, was meistens der Fall ist, was dann? Nun, Sie können diese und viele andere Aufgaben, denen Sie täglich begegnen, auch im Kopf rechnen – vorausgesetzt, Sie wissen, wie's geht. In der Schule werden Sie es wahrscheinlich nicht gelernt haben, denn dort liegt die Betonung meist auf Papier und Bleistift und damit auf den schriftlichen Rechenverfahren.

Dieses Buch will Ihnen dabei helfen mögliche Defizite im Kopfrechnen zu beseitigen, und Sie fit für die täglichen Rechenanforderungen des Alltags machen.

Schul-Mathematik

In der Schule haben Sie das Addieren und Multiplizieren von Zahlen nach festen Regeln gelernt, die Sie vielleicht nie recht kapierten. Mathematik war etwas, durch das man als Schüler wohl oder übel hindurch musste und das man hinterher getrost wieder vergessen konnte. Nur leider kommen wir nicht daran vorbei, auch im Alltag Mathematik zu betreiben, denn wir müssen uns tagtäglich mit Zahlen rumschlagen. Eines der besten Mittel, damit fertig zu werden, ist das Kopfrechnen – nur ausgerechnet das umgeht die Schul-Mathematik häufig.

Die Aufgaben in den Mathematikbüchern bestehen in der Regel aus Zahlenkolonnen, die alle mit einem plus-, minus-, mal- oder geteilt -Zeichen versehen sind, das ihnen diktiert, was Sie zu tun haben. Solche Aufgaben-Darstellungen helfen Ihnen, mit Zahlen umzugehen – aber leider nur auf dem Papier. Die Aufgaben im richtigen Leben stellen sich anders dar. – Vielleicht fragen Sie sich beim nächsten Einkauf, ob der 20-Euro-Schein in ihrer Tasche an der Kasse ausreichen wird oder möglicherweise doch nicht. Oder Sie fahren mit dem Auto nach Hause und wollen wissen, wie lange Sie denn noch unterwegs sind: „Ich habe noch etwa 635 Kilometer vor mir und fahre im Schnitt 80 km pro Stunde. – Wann bin ich am Ziel?" In solchen Situationen gibt es weder feinsäuberlich aufgeschriebene Zahlen, noch haben Sie Papier und Bleistift parat.

Wie in den eben erwähnten Beispielen sehen Sie im täglichen Leben keine Zahlen vor sich. Sie werden 635 und 80 nicht zu Gesicht bekommen, sondern die Zahlen nur in Worten hören – „sechshundertfünfunddreißig" und „achtzig" – und dann versuchen Sie mal ihr Bestes. Sie werden nicht viel ausrichten können, wenn Sie, wie die meisten Menschen, es gewohnt sind Zahlen als Ziffern zu sehen.

Der Taschenrechner

Der Taschenrechner ist eine tolle Sache. Er erspart uns die Plackerei des Rechnens, indem er uns auf Kommando die Lösung präsentiert – und zwar korrekt, prompt und lautlos. Bei vielen Gelegenheiten steht uns jedoch kein Taschenrechner zur Verfügung. Oder aber die Situation selbst lässt keinen Rechner zu. – Wer würde sich denn schon die Blöße geben, zum Taschenrechner zu greifen, wenn er die Rechnung im Restaurant nachprüfen will?

Und selbst wenn Sie einen Rechner zur Hand haben, sollten Sie sich nicht hundertprozentig auf ihn verlassen; er rechnet schließlich nicht von alleine. Wenn Sie dazu noch keine Ahnung haben, wie Sie an eine Aufgabe herangehen sollen, werden Sie sich auch nicht sicher sein, welche Knöpfe Sie drücken müssen. Und selbst wenn, kann es immer noch vorkommen, dass Sie den falschen Knopf erwischen. Nur eines ist sicher: Sie kommen schnell zu einem Ergebnis, auch wenn es falsch sein sollte. Nur – wie wollen Sie herausfinden, dass es falsch ist, wenn Sie keine Vorstellung davon haben, wie es tatsächlich lauten sollte?

Ein Gefühl für Zahlen und Ergebnisse bekommen Sie nur, wenn Sie vorab im Kopf Rechnungen überschlagen, bevor Sie damit anfangen, irgendwelche Knöpfe auf dem Taschenrechner zu drücken.

Überschlagsrechnungen

Wir lernten in der Schule, dass jede Aufgabe nur eine richtige Lösung hat und alles andere falsch ist. Oft genug können wir jedoch auf die genaue Lösung verzichten, häufig genügt eine einfache Überschlagsrechnung – in Einkaufssituationen zum Beispiel. Viele Waren kosten 2,98 €, 14,95 € usw., und liegen damit um wenige Cents unter dem vollen Betrag. Wenn Sie die oben genannten Beträge jedoch in 3 € und 15 € umwandeln, also aufrunden, können Sie wesentlich besser mit ihnen umgehen und das dabei entstehende Ergebnis büßt nur wenig an Genauigkeit ein.

Im Gegensatz zum Taschenrechner kann unser Verstand hervorragend mit Überschlagsrechnungen umgehen. Wenn Sie einen Euro-Betrag eintippen, sagen wir mal 32,17 €, dann wird der Rechner zwischen der 7 und der 3 keinerlei Unterschied machen; für ihn sind es zwei vollkommen gleichwertige Ziffern. Für Sie indessen liegt zwischen 30 Euro und 7 Cents ein großer Unterschied, dementsprechend schenken Sie der 3 mehr Aufmerksamkeit als der 7.

Diese natürliche Gabe bewahrt uns vor der völligen Abhängigkeit von einem Taschenrechner. Bevor Sie also eine Aufgabe wie 32,17 · 9,63 in Ihren Rechner tippen, sollten Sie zunächst eine Überschlagsrechnung (30 · 10 = 300) im Kopf machen, damit Sie eine ungefähre Vorstellung vom Ergebnis bekommen.

Bereits Gelerntes anwenden

Sie werden überrascht sein, wie viel Sie bereits wissen, wenn es ums Kopfrechnen geht: Das Einzige, was Ihnen fehlt, ist die Übung.

⏭ Sie können ohne Schwierigkeiten 16 durch 4 teilen und 4 mit 100 multiplizieren: 16 : 4 = 4 und 4 · 100 = 400. Bei der Multiplikation 25 · 16 würde es Ihnen jedoch wahrscheinlich kaum einfallen, denselben Rechenweg einzuschlagen. Aber genau das müssen Sie in dem Fall tun, denn die Multiplikation mit 25 entspricht der Multiplikation mit 100 und der anschließenden Division durch 4. Probieren Sie es: Multiplizieren Sie zuerst mit 100 und dividieren Sie anschließend durch 4.

⏭ Wenn Sie 25 · 16 nach dieser Methode ausrechnen, kommen Sie zum Ergebnis 400. (Es sollte Sie nicht beunruhigen, wenn Sie dem nicht ganz folgen können, wir werden später noch ausführlich darauf zurückkommen). Noch ein Beispiel: Sie wollen 5 Pfund Fisch einkaufen, das Pfund zu 1,68 €. Zehn Pfund kosten folglich 16,80 €. Dividieren Sie diesen Betrag einfach durch 2 und Sie erhalten 8,40 € als Ergebnis.

Diese beiden Beispiele veranschaulichen eine Grundregel beim Kopfrechnen: *Rechnen Sie nicht blindlings drauf los, sondern formen Sie die Aufgaben so lange um, bis sie Ihnen zugänglich erscheinen.*

Beim Baseball oder Tennis heißt es: „Spiele den Ball oder du wirst zum Spielball des Gegners." Das Gleiche gilt in unserem Fall: *Sie* sollten die Kontrolle über die Zahlen behalten und nicht umgekehrt.

In diesem Buch werden Sie das vertiefen, was Sie bereits wissen, und im weiteren Verlauf ein paar Dinge dazulernen. Sie werden auf wenige Fachausdrücke stoßen und keine lange Liste mit Merksätzen auswendig lernen müssen (es gibt ganze Bücher mit Anleitungen wie dieser: „Wie man zwei zweistellige Zahlen miteinander multipliziert, wenn die beiden Anfangsziffern zusammen 10 ergeben und die Endziffern identisch sind.").

Was Sie wirklich brauchen, sind ein paar Grundregeln, besser gesagt, Richtlinien und Lösungsvorschläge, um Ihr bestehendes Wissen behutsam auszubauen. Bevor Sie aber eine bestimmte Methode anwenden, muss Sie Ihnen so einleuchtend sein, dass Sie sie im Falle des Vergessens jederzeit nachvollziehen können.

Die Schwierigkeiten?

Aufgaben im Kopf zu rechnen heißt im Wesentlichen, sie zu vereinfachen. Wenn Sie das können, ist alles andere nur noch ein Kinderspiel.

Einst wurde ein Analphabet in Amerika gefragt, wie viel Geld er bekäme, wenn er bei einem Stundenlohn von 35 Cents sechs Stunden lang arbeiten würde. Er antwortete postwendend: 2,10 $. Wie kam er darauf? Nun, er stellte sich die Aufgabe bildlich vor, und zwar als 6 Quarters* und 6 Dimes*, wobei 4 Quarters den ersten Dollar ergaben. Alsdann legte er 5 Dimes zu den verbliebenen 2 Quarters, womit er auf den zweiten Dollar kam. Was übrig blieb, war ein Dime, sprich zehn Cents.

Zugegeben, Sie werden nicht alles im Kopf rechnen können; bei 238 mal 156 werden Sie nach wie vor einen Taschenrechner oder Papier und Bleistift zur Hand nehmen müssen. Sie werden sich auch nie mit Johann Zacharias Dase messen können, einem Genie aus dem 19. Jahrhundert. – Neben anderen geistigen Höchstleistungen rechnete er 79 532 853 · 93 758 479 im Kopf – und das in 54 Sekunden!

Mit etwas Übung werden Sie jedoch herausfinden, welche Aufgaben sich vereinfachen lassen und welche nicht. Sie werden zum Beispiel entdecken, dass 38 · 42 viel leichter zu rechnen ist als 37 · 46, vorausgesetzt, Sie packen die Aufgabe richtig an. Dieses Buch möchte Ihnen den richtigen Weg dazu zeigen.

* Quarter = ein Vierteldollar
* Dime = 10-Cent-Stück

Der Inhalt des Buches

Die Quintessenz des Buches lautet: „Wie werde ich besser im Kopfrechnen“, so auch das Motto des **ersten Kapitels** (s. S. 11ff.). Hier finden Sie Lösungsvorschläge, mit denen Sie Aufgaben vereinfachen können. Lösungsvorschläge anstelle starrer Regeln, weil es häufig mehrere Wege gibt, um zum richtigen Ergebnis zu kommen. Darüber hinaus sieht jede Aufgabe ein bisschen anders aus. Wenn Sie die Regeln des Vereinfachens verstanden haben, wird es Ihnen leichter fallen, jede neue Aufgabe ohne Vorbehalte anzugehen; dadurch werden Sie gar nicht erst versuchen, sie in eine vorgefertigte, auswendig gelernte Form zu pressen. Mit anderen Worten: Sie gebrauchen ihren eigenen Kopf.

Rechenbeispiele und Lösungsvorschläge finden Sie in **Kapitel 2** (s. S. 27ff.). Dort können Sie das bisher Gelernte auch gleich in die Tat umsetzen. Einige Aufgaben mögen Ihnen zu läppisch erscheinen, aber lösen Sie sie bitte trotzdem. Sie werden in Sekundenschnelle den einen oder anderen Tipp aufnehmen können, der Ihnen nachfolgend weiterhilft. Der Schwierigkeitsgrad dieser Aufgaben reicht von einfach bis kompliziert, aber nie zu kompliziert, als dass sie nicht im Kopf zu lösen wären.

Es mag Sie überraschen, dass die Rechenaufgaben in Kapitel 2 alle ausgeschrieben werden. Sie werden vielleicht einige Zeit benötigen, um sich daran zu

gewöhnen, es ist jedoch für den Umgang mit alltäglichen Rechenanforderungen sehr hilfreich.

Viele Aufgaben, mit denen Sie es im täglichen Leben zu tun haben, finden Sie in dieser Form vor. Wenn Sie diese lösen können, werden Sie ähnliche Aufgaben entsprechend flotter bewältigen können, sobald Sie sie in Form von Ziffern vor sich sehen (das Gegenteil tritt leider nicht ein). Sollte Sie die „ausgeschriebene Form" der Zahlen in den Aufgabentabellen zu sehr stören, dann halten Sie sich an die Textaufgaben mit den in Ziffern dargestellten Zahlen.

Die angegebenen „Lösungen" sind in Wirklichkeit Lösungsvorschläge, ein wichtiger Bestandteil dieses Buches. Sie können alle gestellten Aufgaben mit Sicherheit lösen – notfalls mit Papier und Bleistift. Der springende Punkt ist allerdings: Können Sie die Aufgaben auch genauso schnell im Kopf rechnen?

Dazu brauchen Sie nicht mehr als etwas Übung und ein paar Tipps, wie Sie vorgehen müssen – und genau das finden Sie in **Kapitel 2**.

Kopfrechnen ist eine gute Übung, um herauszufinden, ob Sie wirklich mit Zahlen umgehen können. Dabei werden Sie die Zahlen so lange bearbeiten, bis Sie schlüssig werden; unfraglich soll das Ganze auch noch fix und einfach vonstatten gehen.

Kapitel 3 soll Ihnen helfen, Ihre Grundkenntnisse in Arithmetik aufzufrischen. Dort können Sie auch nachschlagen, wenn Sie nicht mehr weiterwissen. Das Gleiche gilt für das Glossar am Ende des Buches. Auf jeden Fall werden Sie Zahlen von nun an aus einem völlig neuen Blickwinkel betrachten. Wenn Sie sich schon lange nicht mehr mit Mathematik befasst haben, ist es ratsam mit diesem Kapitel zu beginnen.

Überfliegen oder überspringen Sie nach Belieben

Sie können das Buch gern überfliegen; die fortlaufenden Überschriften verweisen auf den Inhalt der einzelnen Seiten und können Ihnen bei der Orientierung helfen. Sie können aber auch einzelne Themen überspringen; ist etwas unklar, dann lesen Sie auf der entsprechenden Seite nach. Dieses Konzept will zwei Dinge vermeiden: Es möchte weder langweilen noch überfordern – ein Problem, das immer dann auftritt, wenn Leser unterschiedliche Kenntnisse in Mathematik mitbringen.

Allein schon die Tatsache, dass Sie dieses Buch zur Hand nehmen, deutet darauf hin, dass Sie davon profitieren werden. Wenn Sie anderer Meinung sind, können Sie sofort zu den Aufgaben des zweiten Kapitels übergehen. Wenn Sie diese ohne weiteres lösen können, geben Sie dieses Buch einfach weiter – an jemanden, der es dringender braucht.

Rechenaufgaben lassen sich auf vielfältige Weise vereinfachen ...

Zahlen sind keine starren, leblosen Dinge, sie sind verformbar und fließend, und sie können so lange umgewandelt werden, bis sie handhabbar werden.

⏭ Nehmen wir z.B. eine Aufgabe, in der die Zahl 15 vorkommt. Wenn Ihnen die 15 nicht passt, können Sie daraus 10 + 5 oder 5 · 3 oder 30 : 2 machen, je nachdem, mit welcher Kombination Sie besser umgehen können. Die Frage ist nur: Welche Kombination ist die *tatsächlich* bessere? Ohne ein bisschen Gehirntraining werden Sie es nicht herausfinden können. Um es gleich vorwegzunehmen: Der Mittelpunkt dieses Gehirntrainings ist stets die „magische" Zahl 10.

Eine Vielzahl von Aufgaben können wir mit ein paar einfachen Handgriffen lösen, indem wir die Zahlen umstellen, neu ordnen, zerlegen, gleichwertige Terme verwenden, binomische Formeln zu Hilfe nehmen, im Kopf überschlagen oder auf- und abrunden.

⏭ Im Brennpunkt steht, wie gesagt, die Zahl 10 und die Vielfachen davon. Mit diesen Zahlen können wir am einfachsten umgehen. Wenn Sie sich eingehender mit diesem Stoff auseinander setzen, lassen Sie bitte die Finger vom Auswendiglernen. Wichtig ist, dass Sie die Logik begreifen ... und dann nichts wie üben, üben, üben ...

Den Aufgabenteil finden Sie in Kapitel 2, **Aufgaben und Lösungsvorschläge** (s. S. 27ff.), und wenn es um Verständnisfragen geht, dann schlagen Sie bitte Kapitel 3, **Grundlagen der Arithmetik** (s. S. 79ff.), auf.

So wird das Rechnen leichter:

Aufgaben lassen sich vereinfachen, indem wir ...

- ✗ **Zahlen umstellen,**
- ✗ **Zahlen neu ordnen,**
- ✗ **Zahlen zerlegen,**
- ✗ **gleichwertige Terme verwenden,**
- ✗ **binomische Formeln anwenden,**
- ✗ **im Kopf überschlagen, auf- oder abrunden.**

... indem Sie die Zahlen umstellen ...

Zahlen treten stets ungeordnet auf.

⏭ Nehmen wir mal an, Sie wollen mehrere Zahlen addieren: 14, 39 und 6 (vielleicht wollen Sie in einem Geschäft ein paar Sachen kaufen). In diesem Kapitel wollen wir uns nicht den Kopf darüber zerbrechen, für welchen Anlass Sie addieren, multiplizieren usw., dazu wird es später genügend Beispiele geben.
Der erste Schritt bei der genannten Aufgabe ist, die Zahlen neu zu ordnen, und zwar so: (14 + 6) + 39. Die Summe aus der Klammer ist 20, und somit ein Vielfaches von 10. Damit lässt sich 20 + 39 leichter addieren. Das Ergebnis ist 59. Man kann diese Aufgabe viel schneller im Kopf ausrechnen, als man sie jemandem erklären kann.

⏭ Als Nächstes sollen drei Zahlen miteinander multipliziert werden: 25 · 33 · 8. Versuchen Sie nicht 25 · 33 zu rechnen (obwohl dies nicht allzu schwer ist, aber Sie müssen hinterher noch mit 8 multiplizieren). Beginnen Sie stattdessen mit 8 · 25 = 200 (Aha! Ein Vielfaches von 10). Erst dann multiplizieren Sie das Ganze mit 33. Das Ergebnis lautet: 6 600.

⏭ Und hier eine Multiplikationsaufgabe mit Bruch: $\frac{3}{4} \cdot 48$. Anstelle des üblichen Weges: (48 · 3) : 4, teilen Sie zuerst: (48 : 4) · 3!

Zahlen umstellen:

$$(14 + 39) + 6 = (14 + 6) + 39 = 20 + 39 = 59$$

$$(25 \cdot 33) \cdot 8 = (25 \cdot 8) \cdot 33 = 200 \cdot 33 = 6\,600$$

$$\frac{3}{4} \cdot 48 = \frac{48}{4} \cdot 3 = 12 \cdot 3 = 36$$

... indem Sie zusätzlich addieren und subtrahieren ...

⏭ Sie wollen 87 und 36 addieren? Aufgepasst: 87 ist nah an 90, nicht weit von einem Vielfachen von 10 also. Daher empfiehlt es sich, aus der 87 eine 90 zu machen, indem Sie 3 hinzu addieren und, im Gegenzug dazu, aus der 36 eine 33, indem Sie die 3 wieder abziehen. Wohlgemerkt, das Ergebnis wird mit diesem Vorgang nicht verändert. Aus der anfänglich lautenden Aufgabe 87 + 36 wird dann 90 + 33, was eindeutig leichter zu rechnen ist.

⏭ Es wird noch einfacher, wenn wir die eben geschilderten Rechenoperationen wiederholen, und zwar mit der Zahl 10. Daraus ergibt sich 90 + 10 = 100 (ein bilderbuchmäßiges Vielfaches von 10) und 33 – 10 = 23.

⏭ Die jetzige Rechnung 100 + 23 hat zwar mit der ursprünglichen Aufgabe nicht mehr viel zu tun, sie führt jedoch zum selben Ergebnis, und zwar wesentlich schneller.

⏭ Beim Subtrahieren nach diesem Verfahren müssen Sie darauf achten, dass der Subtrahend ein Vielfaches von 10 ergibt. Bei der Aufgabe 44 – 19 funktioniert das so: 19 + 1 = 20;
und 44 + 1 = 45.
Die jetzige Rechnung 45 – 20 = 25 ist damit um vieles einfacher.

Zusätzlich addieren und subtrahieren:

$$\begin{aligned} 87 + 36 &= (87 + 3) + (36 - 3) \\ &= 90 + 33 \\ &= (90 + 10) + (33 - 10) \\ &= 100 + 23 = 123 \end{aligned}$$

$$\begin{aligned} 44 - 19 &= (44 + 1) - (19 + 1) \\ &= 45 - 20 = 25 \end{aligned}$$

... indem Sie dividieren und multiplizieren ...

Das Verdoppeln und Halbieren von Zahlen im Kopf ist einfach und bringt dazu viele Vorteile. Denken Sie deshalb bei der **Multiplikationen** mit **5** daran, zuerst mit **10** zu **multiplizieren** und anschließend durch **2** zu **dividieren** (also zu halbieren). Dieser Ansatz führt zum selben Ergebnis und ist oft einfacher als der herkömmliche Weg.

⏭ Nehmen wir als Beispiel $5 \cdot 14{,}6$. Wenn Sie zuerst mit 2 multiplizieren und anschließend durch 2 teilen, sieht die Aufgabe so aus: $(2 \cdot 5) \cdot \frac{14{,}6}{2}$
Auf diese Weise wird der Bruch mit 10 multipliziert. Das Ergebnis lautet: $\frac{146}{2} = 73$.

Das Gleiche gilt für Zahlen mit der Endziffer 5. Bei Multiplikationsaufgaben mit einer solchen Zahl multiplizieren Sie diesen Faktor mit 2, um ein Vielfaches von 10 zu bekommen, und *teilen* den zweiten Faktor dafür durch 2.

⏭ Dazu ein Beispiel: Aus $15 \cdot 26$ wird $(2 \cdot 15) \cdot \frac{26}{2}$ bzw. $30 \cdot 13 = 390$.
Im Unterschied zur vorangegangenen Rechnung haben wir zuerst durch 2 dividiert und im Anschluss multipliziert. Gehen Sie den Weg, der Ihnen am einfachsten erscheint.

Bei **Multiplikationsaufgaben** mit dem **Faktor 2,5** oder **25** wird dieser Faktor (die 2,5 oder 25 also) mit **4 multipliziert** und der zweite Faktor im Gegenzug durch **4 dividiert**. Durch diesen Schritt multiplizieren Sie entweder mit 10 oder mit 100.

⏭ Die kompliziert aussehende Aufgabe $2{,}5 \cdot 68$ wird zu $(4 \cdot 2{,}5) \cdot \frac{68}{4}$ gleich $10 \cdot 17 = 170$. (Mehr darüber, wenn wir mit Brüchen und Dezimalzahlen rechnen.)

Multiplizieren und Dividieren:

$$5 \cdot 14{,}6 = (2 \cdot 5) \cdot \frac{14{,}6}{2} = \frac{10 \cdot 14{,}6}{2} = \frac{146}{2} = 73$$

$$15 \cdot 26 = (2 \cdot 15) \cdot \frac{26}{2} = 30 \cdot 13 = 390$$

$$2{,}5 \cdot 68 = (4 \cdot 2{,}5) \cdot \frac{68}{4} = 10 \cdot 17 = 170$$

… indem Sie Zahlen zerlegen …

Viele Aufgaben lassen sich unterschiedlich anpacken. Vergeuden Sie aber nicht zu viel Zeit mit der Ermittlung der am besten geeigneten Methode, sonst macht das Vereinfachen keinen Sinn.

⏭ Denken Sie z.B. an die Aufgabe $12 \cdot 19$. Wenn Sie nach einem Vielfachen von 10 Ausschau halten, wird aus der Zwölf $10 + 2$, sodass die Aufgabe dann folgendermaßen lautet muss: $(10 + 2) \cdot 19$.
Daraus ergibt sich $(10 \cdot 19) + (2 \cdot 19)$ oder $190 + 38 = 228$. (Bleiben noch Fragen, schauen Sie auf Seite 94 nach.)

⏭ Bei $12 \cdot 19$ könnten Sie auch statt an 19 an $20 - 1$ gedacht haben, schließlich ist die Zahl 20 ebenso ein Vielfaches von 10.

Die Aufgabe lautet in dem Fall: $12 \cdot (20 - 1)$ oder $(12 \cdot 20) - (12 \cdot 1) = 240 - 12$. Das Ergebnis lautet dementsprechend: 228.

⏭ Wenn Ihnen die Teilaufgabe $240 - 12$ jedoch zu schwer erscheint, dann verändern Sie die Aufgabe doch so, dass Sie ein Vielfaches von 10 subtrahieren können.

⏭ In unserem Fall bedeutet dies, dass wir beide Male minus 2 rechnen müssen: $240 - 12 = (240 - 2) - (12 - 2)$ oder $238 - 10 = 228$.

⏭ Auf der vorherigen Seite lösten wir die Aufgabe $15 \cdot 26$, indem wir den ersten Faktor mit 2 multiplizierten und den zweiten Faktor durch 2 dividierten. Stattdessen hätten wir die 15 auch in $10 + 5$ zerlegen können. Die Aufgabe würde dann lauten: $(10 + 5) \cdot 26$, was zum Ergebnis $260 + 130 = 390$ führt.

Zahlen zerlegen:

$$12 \cdot 19 = (10 + 2) \cdot 19 = (10 \cdot 19) + (2 \cdot 19) = 190 + 38 = 228$$

oder

$$12 \cdot 19 = 12 \cdot (20 - 1) = (12 \cdot 20) - (12 \cdot 1) = 240 - 12 = 228$$

$$15 \cdot 26 = (10 + 5) \cdot 26 = (10 \cdot 26) + (5 \cdot 26) = 260 + 130 = 390$$

... und zwar auf unterschiedlichste Weise ...

Mit den Zahlen 9 und 11 lässt sich locker rechnen, weil sie nah bei 10 liegen. Denken Sie sich die 9 als $10 - 1$ und die 11 als $10 + 1$.

⏭ Bei **Multiplikationen** mit dem **Faktor 9** wird ebenfalls zunächst mit 10 multipliziert, nur muss dafür der zweite Faktor anschließend wieder 1-mal abgezogen werden: $9 \cdot 26 = (10 - 1) \cdot 26 = (10 \cdot 26) - (1 \cdot 26)$, was gleichbedeutend ist mit $260 - 26$.

⏭ Falls Sie $260 - 26$ noch weiter vereinfachen wollen, müssen Sie zu beiden Zahlen 4 hinzu addieren. Dann lautet unsere Rechnung:
$260 - 26 = (260 + 4) - (26 + 4)$, was $264 - 30 = 234$ ergibt.

⏭ Bei **Multiplikationen** mit dem **Faktor 11** wird zuerst mit 10 multipliziert und dann der zweite Faktor 1-mal hinzu addiert: $11 \cdot 26 = (10 + 1) \cdot 26$ oder $(10 \cdot 26) + (1 \cdot 26)$. Daraus folgt schließlich: $260 + 26 = 286$.

⏭ Selbst größere Zahlen wie 99 und 101 werden zum Kinderspiel, denn beide Zahlen liegen nah bei 100. Hier ein Beispiel: $99 \cdot 84 = (100 - 1) \cdot 84$ gleich $(100 \cdot 84) - (1 \cdot 84) = 8\,400 - 84$. Dieses Zwischenergebnis kann vereinfacht werden zu $(8\,400 + 16) - (84 + 16)$. Hieraus folgt wiederum: $8\,416 - 100 = 8\,316$.

⏭ Wenn die Aufgabe $101 \cdot 84$ lautet, ist es sogar noch einfacher: $101 \cdot 84 = (100 + 1) \cdot 84$ gleich $(100 \cdot 84) + (1 \cdot 84)$ bzw. $8\,400 + 84 = 8\,484$.

Zahlen zerlegen: (Fortsetzung)

$$9 \cdot 26 = (10 - 1) \cdot 26 = (10 \cdot 26) - (1 \cdot 26) = 260 - 26 = 234$$

$$11 \cdot 26 = (10 + 1) \cdot 26 = (10 \cdot 26) + (1 \cdot 26) = 260 + 26 = 286$$

$$99 \cdot 84 = (100 - 1) \cdot 84 = (100 \cdot 84) - (1 \cdot 84) = 8\,400 - 84 = 8\,316$$

$$101 \cdot 84 = (100 + 1) \cdot 84 = (100 \cdot 84) + (1 \cdot 84) = 8\,400 + 84 = 8\,484$$

... indem Sie Zahlen in Einzelfaktoren zerlegen ...

Beim Multiplizieren und Dividieren kann es zweckmäßig sein, die Zahlen in ihre Einzelfaktoren zu zerlegen (alle zusammengesetzten, also teilbaren Zahlen können in Faktoren zerlegt werden, wie z.B. 6 = 2 · 3; s.S. 96).

⏭ Nehmen wir an, Sie wollen 78 durch 6 teilen. Vielleicht können Sie diese Aufgabe unmittelbar im Kopf rechnen. Wenn nicht, dann teilen Sie doch zuerst durch 2 und dann durch 3. Es ergibt sich dann folgende Rechnung: 78 : 2 = 39 und 39 : 3 = 13.

⏭ Die nächste Aufgabe lautet: 396 : 18. Da 18 = 2 · 3 · 3, können Sie zuerst durch 3 teilen (= 132), dann durch 2 (= 66) und dann wieder durch 3; das Endergebnis lautet: 22.

⏭ Vielleicht haben Sie auch bemerkt, dass 20 · 18 das Produkt 360 ergibt. Zu 396 fehlen dann nur noch 2 · 18.

⏭ Und wie wär's mit 28 · 13? Da die Zahl 28 als 7 · 2 · 2 betrachtet werden kann, können wir die Aufgabe folgendermaßen umformen: (7 · 2 · 2) · 13 oder auch 7 · (2 · 26) = 7 · 52. Die 52 können wir wiederum in 50 + 2 zerlegen und dann wie folgt multiplizieren: (7 · 50) + (7 · 2) = 350 + 14 = 364.

Zahlen in Einzelfaktoren zerlegen:

$$\begin{aligned} 78 : 6 &= 78 : (2 \cdot 3) \\ &= (78 : 2) : 3 \\ &= 39 : 3 = 13 \end{aligned}$$

$$\begin{aligned} 396 : 18 &= 396 : (2 \cdot 3 \cdot 3) \\ &= (396 : 3) : (2 \cdot 3) \\ &= (132 : 2) : 3 \\ &= 66 : 3 = 22 \end{aligned}$$

$$\begin{aligned} 28 \cdot 13 &= (7 \cdot 2 \cdot 2) \cdot 13 \\ &= 7 \cdot (2 \cdot 26) = 7 \cdot 52 \\ &= (7 \cdot 50) + (7 \cdot 2) \\ &= 350 + 14 = 364 \end{aligned}$$

... Dezimalzahlen in Brüche umwandeln und umgekehrt ...

Brüche sind überraschenderweise recht praktisch, wenn es ums Multiplizieren geht (s. S. 114/115).

⏭ Bei der Multiplikation von 50 · 38 beispielsweise ist es einfacher, wenn man zuerst 100 · 38 rechnet und das Produkt im Anschluss durch 2 teilt. Das Ergebnis lautet: 1900.

⏭ Um die nächste Aufgabe: 0,25 · 436 in nicht veränderter Form im Kopf zu rechnen, müssten Sie ganz schön Zeit investieren. Sobald Sie aber erkennen, dass 0,25 gleichbedeutend ist mit $\frac{1}{4}$, brauchen Sie die Zahl 436 nur durch 4 zu teilen und schon haben Sie das Ergebnis 109.

Viele Rechnungen werden Ihnen leichter fallen, wenn Sie die Umwandlung der Dezimalzahlen in Brüche beherrschen. Dabei geht es nicht nur um Werte, die kleiner sind als 1.

⏭ Wenn die obere Aufgabe 2,5 · 436 lautete (statt 0,25 · 436), gäbe es beim Rechenweg nur einen einzigen Unterschied: Nach der Division mit 4 müssten Sie das Zwischenergebnis mit 10 multiplizieren, denn die 2,5 ist das Zehnfache von 0,25. Das Ergebnis würde in dem Fall 1 090 lauten.

Mit der Zeit bekommen Sie einen Blick dafür, ob es sinnvoll ist, Dezimalzahlen in Brüche umzuwandeln oder nicht. Der unbestrittene Vorteil bei diesem Verfahren liegt darin, dass Sie im Anschluss mit Zehnerpotenzen (x 10, x 100 usw., s. S. 97) weiterrechnen können, um zum richtigen Ergebnis zu kommen.

Dezimalzahlen und Brüche nutzen:

$$50 \cdot 38 = 100 \cdot 38 \cdot \frac{1}{2} = \frac{3800}{2} = 1900$$

$$0{,}25 \cdot 436 = \frac{1}{4} \cdot 436 = \frac{436}{4} = 109$$

$$2{,}5 \cdot 436 = \frac{1}{4} \cdot 436 \cdot 10 = \frac{436}{4} \cdot 10 = 109 \cdot 10 = 1090$$

... unhandliche Zahlen umformen ...

Es gibt eine Reihe von Brüchen, die Sie ohne viel Kopfzerbrechen in Dezimalzahlen umwandeln können, weil Sie Ihnen geläufig sind wie z.B. diese: $\frac{1}{2} = 0{,}5$; $\frac{1}{4} = 0{,}25$; $\frac{3}{4} = 0{,}75$.
Das Gleiche gilt für $\frac{1}{3} = 0{,}33$ und $\frac{2}{3} = 0{,}67$ (auf jeweils zwei Stellen hinter dem Komma gerundet). Viele Rechnungen lassen sich damit leichter angehen.

⏭ Beispiel: Die Aufgabe 67 · 39 erscheint auf den ersten Blick recht kompliziert. Zum richtigen Ergebnis gelangen Sie schnell, wenn Sie die 67 in $\frac{2}{3} \cdot 100$ umformen. Und weiter? Da $\frac{1}{3}$ von 39 gleich 13, ist $\frac{2}{3}$ von 39 gleich 26.
Mit Hilfe der vereinfachten Form der Aufgabe, also $\frac{2}{3} \cdot 100 \cdot 39$, kommen Sie schnell zum richtigen Ergebnis: 2 600.

> Aufgepasst: Dieses Ergebnis kann nur als Schätzwert dienen, denn 67 ist nicht exakt $\frac{2}{3}$ von 100.

Und was ist mit den weniger geläufigen Dezimalzahlen?

⏭ Wenn $\frac{1}{4}$ gleich 0,25 ist, dann muss die Hälfte von $\frac{1}{4}$ dementsprechend $\frac{1}{8}$ sein, und damit 0,125.

⏭ Wenn Sie also eine Multiplikation mit 125 vor sich haben, dann dividieren Sie zuerst durch 8 und multiplizieren das Ergebnis mit der entsprechenden Zehnerpotenz, d.h. mit $10^2 = 100$.
Wenn Sie $\frac{1}{8}$ nochmals halbieren, kommen Sie auf $\frac{1}{16}$ bzw. 0,0625.

⏭ Oder Sie nehmen $\frac{1}{3}$, was bekanntlich 0,333... entspricht, und dividieren diesen Betrag ebenfalls durch 2. Sie erhalten $\frac{1}{6}$ bzw. 0,1666... . Die Hälfte davon ist wiederum $\frac{1}{12}$ oder auch 0,08333... .

Viele Zusammenhänge dieser Art können Ihnen das Rechnen im Kopf erleichtern, vorausgesetzt, Sie nutzen sie.

Dezimalzahlen und Brüche nutzen:

(Fortsetzung)

$$67 \cdot 39 = \frac{2}{3} \cdot 100 \cdot 39 \quad \textit{(ungefähr)}$$
$$= \frac{39}{3} \cdot 2 \cdot 100$$
$$= 13 \cdot 2 \cdot 100 = 2600$$

$$\frac{1}{8} = \frac{1}{2} \cdot \frac{1}{4} = \frac{1}{2} \cdot 0{,}25 = 0{,}125$$
$$\frac{1}{6} = \frac{1}{2} \cdot \frac{1}{3} = \frac{1}{2} \cdot 0{,}333... = 0{,}167$$
(ungefähr)

… und nach einfacheren suchen …

Sie können mittlerweile schon einige Aufgaben lösen, die auf den ersten Blick recht kompliziert erscheinen.

⏭ Wie wäre es dann mit dieser Aufgabe: $12{,}5 \cdot 17$? Da $\frac{1}{8} = 0{,}125$ und $\frac{1}{8} \cdot 100$ wiederum 12,5 entspricht, kann die ursprüngliche Aufgabe $12{,}5 \cdot 17$ in $\frac{1}{8} \cdot 100 \cdot 17$ umgeformt werden.

⏭ Diese Rechnung kann weiter vereinfacht werden, indem $\frac{1}{8} \cdot 17$ in $\frac{17}{8}$ umgeformt wird. Dieser Bruch wird in $2\frac{1}{8}$ und schließlich in 2,125 umgewandelt. Aus der ursprünglichen Rechnung $12{,}5 \cdot 17$ wurde damit $2{,}125 \cdot 100$. Das Ergebnis lautet hierbei: 212,5. Wie Sie bemerkt haben werden, dauert es länger, die Aufgabe zu erklären, als sie zu rechnen. Dabei ist unwichtig, dass die 8 kein Teiler von 17 ist.

⏭ Die nächste Aufgabe $56 : 17{,}5$ scheint unmöglich, aber nur so lange, bis Sie entdecken, dass $17{,}5 = 10 \cdot 1{,}75$ und $1{,}75 = \frac{7}{4}$.

⏭ Daraus folgt: $56 : 17{,}5 = 56 \cdot \frac{4}{7} \cdot \frac{1}{10} = \frac{\overset{8}{\cancel{56}} \cdot 4}{\cancel{7} \cdot 10} = \frac{8 \cdot 4}{10} = 3{,}2$ (s. auch S. 106). Zugegeben, keine leichte Aufgabe.

⏭ Nehmen wir uns nun die Aufgabe $200 \cdot 300$ vor. Bevor Sie sich Gedanken über die Anzahl der Nullen machen, rechnen Sie zuerst $2 \cdot 3 = 6$. Mit anderen Worten: Konzentrieren Sie sich auf die Ziffer vor den Nullen und lassen Sie die Größe der Zahlen vorerst aus den Augen.

Das genaue Ergebnis ist nunmehr eine Sache der Anzahl an Nullen, die wir anhängen müssen, bzw. der Stelle, an der wir das Komma setzen.

Dezimalzahlen und Brüche nutzen:
(Fortsetzung)

$$12{,}5 \cdot 17 = \frac{1}{8} \cdot 100 \cdot 17 = \frac{17}{8} \cdot 100 = 2\frac{1}{8} \cdot 100 = 2{,}125 \cdot 100 = 212{,}5$$

$$56 : 17{,}5 = 56 : (10 \cdot 1{,}75) = 56 : (10 \cdot \frac{7}{4}) = 56 \cdot \frac{4}{7} \cdot \frac{1}{10} = \frac{\overset{8}{\cancel{56}} \cdot 4}{\cancel{7} \cdot 10} = \frac{8 \cdot 4}{10} = 3{,}2$$

... indem Sie binomische Formeln anwenden ...

Versuchen Sie, folgende Aufgabe zu lösen: $(5 - 3) \cdot (5 + 3)$. Richtig, die Antwort lautet: $2 \cdot 8 = 16$.

⏭ Doch gehen wir zunächst schrittweise vor: $(5 - 3) \cdot (5 + 3) = (5 \cdot 5) + (5 \cdot 3) - (5 \cdot 3) - (3 \cdot 3)$. Da sich die beiden mittleren Klammern aufheben, lautet die Rechnung jetzt: $(5 \cdot 5) - (3 \cdot 3)$, oder $25 - 9 = 16$.

⏭ Anstelle von $5 \cdot 5$ und $3 \cdot 3$ schreibt man für gewöhnlich 5^2 und 3^2, schon allein um Platz zu sparen. Auf diese Weise haben wir herausgefunden, dass $(5 - 3) \cdot (5 + 3)$ gleich $5^2 - 3^2$ ist.

⏭ Bei einer einfachen Multiplikationsaufgabe, beispielsweise $2 \cdot 8$, brauchen wir diese Hilfestellung eigentlich nicht. Es macht jedoch keinen Unterschied, um welche Zahlenpaare es sich handelt. Das heißt, die eben beschriebenen Zusammenhänge gelten für alle Zahlen a und b: $\mathbf{(a - b) \cdot (a + b) = a^2 - b^2}$, was nach dem Ausmultiplizieren offenkundig wird. Dieser Aspekt ist vor allem für große Zahlen interessant. (Jetzt hat sich noch ein wenig Algebra eingeschlichen – dadurch dass wir Zahlen durch Buchstaben ersetzten.)

⏭ Multiplizieren Sie als Nächstes $17 \cdot 23$. Wenn Sie an ein Vielfaches von 10 denken, erkennen Sie sofort, dass beide Zahlen nicht weit entfernt von 20 liegen. Aus diesem Grund lässt sich die Aufgabe auch so darstellen: $(20 - 3) \cdot (20 + 3)$. Und dies ist nichts anderes als $20^2 - 3^2$ bzw. $400 - 9 = 391$.

Binomische Formeln anwenden:

Für alle Zahlenpaare a und b:

$$\begin{aligned}(a - b) \cdot (a + b) &= a \cdot (a + b) - b \cdot (a + b)\\ &= a^2 + (a \cdot b) - (a \cdot b) - b^2\\ &= a^2 - b^2\end{aligned}$$

Beispiel:

$$\begin{aligned}17 \cdot 23 &= (20 - 3) \cdot (20 + 3)\\ &= 20^2 - 3^2 = 400 - 9 = 391\end{aligned}$$

... die sich für alle Zahlen anwenden lassen.

Der Erfolg bei der Lösung der vorhergehenden Aufgabe sollte uns anspornen, einen weiteren interessanten Gesichtspunkt ins Auge zu fassen.

⏭ Anstelle von $(5 - 3) \cdot (5 + 3)$ wollen wir jetzt $(5 + 3) \cdot (5 + 3)$ rechnen. Nach dem Ausmultiplizieren erhalten wir: $(5 \cdot 5) + (5 \cdot 3) + (5 \cdot 3) + (3 \cdot 3)$.

⏭ Da sich die zwei mittleren Klammern in diesem Fall nicht aufheben, heißt es jetzt: $5^2 + 2 \cdot (5 \cdot 3) + 3^2$ gleich $25 + 30 + 9 = 64$, was zu erwarten war, schließlich gilt: $8^2 = 64$.
Das Ergebnis lautet damit:
$(5 + 3)^2 = 5^2 + 2 \cdot (5 \cdot 3) + 3^2$.

Noch einmal: Dieses Prinzip gilt nicht nur für die Zahlen 5 und 3, sondern für alle Zahlenpaare a und b; daher können wir sagen:
$\mathbf{(a + b)^2 = a^2 + 2 \cdot (a \cdot b) + b^2}$.

⏭ Hinter dieser Formel mag auf dem ersten Blick nichts Besonderes stecken, trotzdem leistet sie uns bei der Berechnung von Flächen, wie zum Beispiel bei $41\ m \cdot 41\ m$ gute Dienste.
Dabei rechnen wir: $(40\ m + 1\ m)^2$
$= (40\ m)^2 + 2 \cdot 40\ m \cdot 1m + (1m)^2$
$= 1600\ m^2 + 80\ m^2 + 1m^2 = 1681\ m^2$.

⏭ Und wie steht es mit $(a - b)^2$?
Nach dem Ausmultiplizieren erhalten wir:
$\mathbf{(a - b)^2 = a^2 - 2 \cdot (a \cdot b) + b^2}$.
Dazu ein Zahlenbeispiel:
$28^2 = (30 - 2)^2 = 30^2 - 2 \cdot (30 \cdot 2) + 2^2$ oder $900 - 120 + 4 = 784$. Ein weiteres Instrument für unsere Trick-Kiste.

Binomische Formeln anwenden:

(Fortsetzung)

Für alle Zahlenpaare a und b:

$$\begin{aligned}(a + b)^2 &= (a + b) \cdot (a + b) \\ &= a^2 + (a \cdot b) + (a \cdot b) + b^2 \\ &= a^2 + 2 \cdot (a \cdot b) + b^2\end{aligned}$$

Beispiel:

$$\begin{aligned}41^2 &= (40 + 1)^2 \\ &= 40^2 + 2 \cdot (40 \cdot 1) + 1^2 \\ &= 1600 + 80 + 1 = 1681\end{aligned}$$

Im Kopf überschlagen, auf- oder abrunden ...

Das Dezimalsystem macht es uns leicht, uns auf die Zahlen zu konzentrieren, auf die es in Wirklichkeit ankommt, denn jede einzelne Ziffer ist zehn mal so viel wert wie die Ziffer zu ihrer Rechten. Trotzdem dürfen wir die Ziffern hinter dem Komma nicht vernachlässigen. Wenn Sie im Alltag anstelle von 1,75 € immer mit 1,00 € rechnen, bekommen Sie Probleme. Worauf es ankommt, ist das angemessene Auf- und Abrunden, bei dem wir die Stellen rechts vom Komma entsprechend streichen (s. S. 113).

Dabei gilt folgende Regel: Wenn die erste Ziffer, die gestrichen werden soll, gleich 5 oder größer ist, dann wird die Ziffer davor um 1 erhöht, andernfalls bleibt sie unverändert.

⏭ Wenn $\frac{1}{3}$ auf drei Stellen hinter dem Komma gerundet werden soll, wird daraus 0,333 und 0,33, wenn auf zwei Stellen gerundet wird.
Die Zahl $\frac{2}{3}$ dagegen wird zu 0,667 bzw. 0,67.

Weitere Beispiele:

⏭ 1,75 € auf 10 Cents gerundet, ergibt 1,80 € (da die zweite Stelle nach dem Komma eine 5 ist, rundet man auf). Wird dagegen auf den nächsten ganzen Euro aufgerundet, werden daraus 2,00 €.
Ein Betrag von 12,87 € (s. S. 24) wird zu 12,90 €, wenn auf 10 Cents aufgerundet wird und zu 13,00 €, wenn auf den nächsten Euro gerundet wird, sowie zu 10,00 €, wenn auf den nächsten Zehner gerundet werden soll.

Der Begriff des Rundens macht erst richtig klar, was damit gemeint ist, wenn wir sagen, 12,87 € sind „ungefähr 13,00 €".

Auf- und abrunden:

$\frac{1}{3}$	= 0,333	*(auf drei Stellen)*
	= 0,33	*(auf zwei Stellen)*
$\frac{2}{3}$	= 0,667	*(auf drei Stellen)*
	= 0,67	*(auf zwei Stellen)*
1,75 €	= 1,80 €	*(auf 10 Cents)*
	= 2,00 €	*(auf einen Euro)*
12,87 €	= 12,90 €	*(auf 10 Cents)*
	= 13,00 €	*(auf einen Euro)*
	= 10,00 €	*(auf 10 Euro)*

... wo immer es ratsam ist ...

Stellen Sie sich vor, Sie sitzen in einem Lokal in San Francisco und wollen die Rechnung bezahlen. Einerseits wissen Sie, dass in den Vereinigten Staaten ein Trinkgeld von 15% üblich ist, andererseits wollen Sie nicht wie ein Pfennigfuchser dastehen und den Betrag bis auf den letzten Cent ausrechnen.

⏭ Jetzt ist eine schnelle Überschlagsrechnung im Kopf gefragt. Am einfachsten geht dies, wenn Sie zuerst 10 Prozent ermitteln, indem Sie das Komma um eine Stelle nach links verrücken (s. S. 109 und 117) und die Hälfte dieses Betrags, d.h. 5%, hinzuaddieren (natürlich werden die Beträge dabei entsprechend gerundet).

⏭ Nehmen wir an, Ihre Rechnung beträgt 12,87 $.
10% von 12,87 $ sind etwa 1.30 $, die Hälfte davon ist 0,65 $. Beide Beträge addiert, ergeben 1,95 $. Mit einem Trinkgeld von 2,00 $ liegen Sie demzufolge richtig.

⏭ Viele Waren sind so ausgezeichnet, dass sie wenige Cents unter dem vollen Betrag liegen: 8,99 € oder 13,95 € usw. Kümmern Sie sich beim Kopfrechnen nicht um den letzten Cent, sondern runden Sie einfach auf. Beispielsweise entspricht 8,99 € + 13,95 € in etwa 9,00 € + 14,00 € = 23,00 €.

„15 Prozent Trinkgeld“:

Wir errechnen 15 Prozent, indem wir ...

- ✗ das Komma um eine Stelle nach links rücken (10%),
- ✗ von diesem Betrag die Hälfte nehmen (5%)
- ✗ und beide Beträge addieren.

Beispiel:

Die Rechnung beträgt:	12,87 €	*(gerundet: 13,00 €)*
10% davon sind ungefähr	1,30 €	
Die Hälfte davon beträgt:	0,65 €	
zusammen	**1,95 €**	*(gerundet: 2,00 €)*

... aber passen Sie auf, dass sich kein Fehler einschleicht.

Rechenaufgaben fallen uns leichter, wenn wir zunächst eine Überschlagsrechnung durchführen oder die Zahlen runden, das ist einleuchtend. Dass damit die Genauigkeit auf der Strecke bleibt, ist die Folge. Runden Sie daher nur, wenn keine zu große Genauigkeit gefragt ist.

⏭ Wenn Sie anstelle von 873 + 456 einfachheitshalber 900 + 500 rechnen, liegen Sie mit 1 400 ziemlich daneben, da die korrekte Lösung 1 338 lauten muss. Zu ungenau? Das muss jeder selbst entscheiden.

⏭ Schlimmere Folgen können beim Multiplizieren auftreten. Anstelle von 67 · 31 können Sie es mit 70 · 30 = 2 100 versuchen. Nicht schlecht, denn das genaue Ergebnis lautet: 2 077.

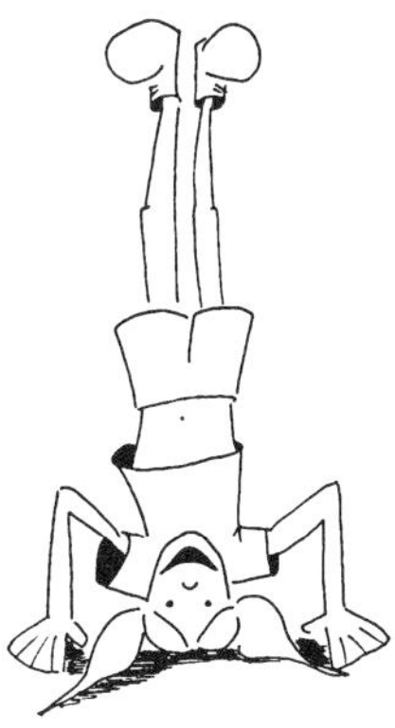

⏭ Hätten Sie jedoch bei einer Aufgabe wie 72 · 26 mit gerundeten Zahlen gerechnet, nämlich 70 · 30, wären sie mit der Antwort 2 100 ziemlich weit vom tatsächlichen Ergebnis entfernt, denn dieses lautet: 1 872.

⏭ Gefährlich wird das Runden, wenn es zu großzügig ausfällt, so z.B. beim Aufrunden von 26 auf 30. Anstatt 26-mal hintereinander 72 zu addieren (s. S. 82), führen Sie die Addition in diesem Fall 30-mal durch, d.h. genau 4-mal zu viel.

Grundsätzlich gilt: Seien Sie beim Multiplizieren vorsichtig mit dem Aufrunden, ganz besonders beim kleineren der beiden Faktoren. Denn große Zahlen werden auf diese Weise zu stark vervielfacht.

Fehlerquellen beim Runden:

873 + 465 = 1 338
∇ ∇
900 + 500 = 1 400
→ *Fehler beim Aufrunden*

67 · 31 = 2 077
∇ ∇
70 · 30 = 2 100
→ *kleiner Fehler*

72 · 26 = 1 872
∇ ∇
70 · 30 = 2 100
→ *großer Fehler*

Auf die Plätze, fertig ... los! Beginnen Sie mit dem Zahlenjogging ...

Wenn Kopfrechnen nicht unbedingt zu Ihren Stärken gehört, werden Sie die bisherigen Ratschläge noch kein großes Stück weitergebracht haben. Was Sie tun können, um festeren Boden unter die Füße zu bekommen, ist etwas Zahlenjogging zwischendurch.

⏭ Legen Sie los mit dem Einmaleins und mit der Addition zweistelliger Zahlen. Beginnen Sie mit einfachen Zahlen wie 11, 12, 13 und arbeiten Sie sich langsam hoch. Das ist die logische Erweiterung dessen, was Sie bisher in der Schule gelernt haben. Sorgen Sie für Abwechslung, orientieren Sie sich an den Hinweisen dieses Kapitels, und gehen Sie Ihre eigenen Wege.

⏭ Fahren Sie dann fort mit der Umwandlung von Brüchen in Dezimalzahlen. Beginnen Sie dabei mit Brüchen, deren Nenner von 2 bis 12 reichen. Aber lernen Sie bloß nichts auswendig, sondern erkennen und nutzen Sie die verschiedenen Wechselbeziehungen, wie z.B. $\frac{5}{12}$ gleich $\frac{3}{12} + \frac{2}{12}$ gleich $\frac{1}{4} + \frac{1}{6}$ gleich $0{,}25 + 0{,}1\overline{6} \approx 0{,}25 + 0{,}167 \approx 0{,}417$.

⏭ Denken Sie sich schließlich eigene alltägliche Aufgaben aus, anhand deren Sie das Kopfrechnen trainieren können: Errechnen Sie beispielsweise Ihr Jahreseinkommen anhand der monatlichen Gehaltsabrechnung. Beachten Sie dabei die verschiedenen Möglichkeiten. 12 · 750,00 € beispielsweise lässt sich auf drei verschiedene Weisen berechnen: (10 + 2) · 750,00 € oder 12 · (700,00 € + 50,00 €) oder auch $\frac{3}{4}$ · 12 · 1000,00 €.

Oder veranschlagen Sie die Höhe Ihrer jährlichen Stromrechnung. Mit der Zeit werden Sie Gefallen am Kopfrechnen finden, so dass Sie sich eines Tages fragen werden, warum Sie damit nicht schon früher begonnen haben.

Beginnen Sie mit Zahlenjogging ...

Nützen Sie jede freie Minute und geben Sie Ihrem Kopf in der Zeit ein paar Rechnungen auf:

- ✗ Addieren und multiplizieren Sie zweistellige Zahlen miteinander.
- ✗ Freunden Sie sich mit Brüchen und den entsprechenden Dezimalzahlen an.
- ✗ Denken Sie sich eigene Aufgaben aus.

2. Aufgaben und Lösungsvorschläge

Die üblichen Schulbuchaufgaben helfen uns nicht weiter …

Rechenaufgaben können auf verschiedene Weise dargestellt werden; unten sehen Sie drei der geläufigsten Aufgabentypen aus einem Schulbuch für Mathematik. Die erste Aufgabe ist ein Beispiel für die Art und Weise, wie schriftlich addiert wird. Im zweiten Beispiel werden die Zahlen nicht mehr untereinander, sondern nebeneinander geschrieben; damit wird das Addieren schon ein bisschen schwieriger. Und schließlich geht es um Textaufgaben, die uns an die Realität heranführen sollen.

Die Rechenaufgaben im wirklichen Leben stellen sich anders dar, sie haben mit Sicherheit keinerlei Ähnlichkeit mit Beispiel 1 oder 2, darüber haben wir schon in der Einführung gesprochen. Da gibt es keine Plus-, Minus-, Mal- oder Geteilt-Zeichen; Sie müssen schon selbst entscheiden, was im Einzelnen zu tun ist.

Selbst das dritte Beispiel hat wenig mit der Realität zu tun, denn die Rechenaufgaben im richtigen Leben bieten Ihnen keine Ziffern, sondern Aufgaben, die in Worte gekleidet sind. (Dagegen erscheinen in Beispiel 3 die Zahlen in der Ziffernschreibweise und nicht als Worte.) Die Frage ist nun: Wie können wir Rechenaufgaben darstellen, sodass sie denen ähneln, die Sie im Kopf rechnen?

Darstellungsweise von Additionsaufgaben:

Beispiel 1:

$$\begin{array}{r} 121 \\ +\ 16 \\ \hline ? \end{array}$$

Beispiel 2: 121 + 16 = ?

Beispiel 3: Im letzten Jahr brachten Sie 121 Pfund auf die Waage. Seither haben Sie 16 Pfund zugenommen. Wie viel Pfund wiegen Sie jetzt?

... aus diesem Grund werden sie hier anders dargestellt.

Blättern wir noch einmal zurück. Ein Freund erzählt Ihnen am Telefon: „Im letzten Jahr wog ich einhunderteinundzwanzig Pfund und habe seither sechzehn Pfund zugenommen." Keine große Herausforderung, um im Kopf mitzurechnen. Aber Sie erkennen: Die Zahlen begegnen Ihnen als Worte – wie bei so vielen Rechenaufgaben im täglichen Leben. Daher sind Sie gezwungen, sich die Zahlen vor Ihrem geistigen Auge vorzustellen.

So müssen Sie auch bei den folgenden Übungen vorgehen. Bis Sie jedoch soweit sind, dass Sie Zahlen visualisieren können, sind Sie auf die herkömmliche Schreibweise angewiesen, auf die Sie in diesem Buch jederzeit zurückgreifen können.

Aus diesem Grund haben wir die Aufgaben in diesem Kapitel unterschiedlich dargestellt: In dem eingerahmten Teil finden Sie die Aufgaben jeweils in Textform vor. Alle Zahlen sind hierbei ausgeschrieben.

Die wichtigsten Angaben sind übersichtlich zusammengefasst, damit Sie möglichst wenig zu lesen brauchen. Wenn Sie mit dieser Art der Aufgabenstellung jedoch nicht zurecht kommen, können Sie natürlich auf die Textaufgaben **mit** Zahlen zurückgreifen.
Bei den Lösungsvorschlägen finden Sie wichtige Rechenschritte **fett hervorgehoben** – ganz nach dem Motto: Der Weg ist das Ziel. So sehen Sie auf einen Blick, worauf es ankommt.

Mit Absicht haben wir bei der Darstellung der Lösungswege häufig auf die Nennung von Maß- und Größeneinheiten verzichtet. Auch hierbei war das Ziel, Ihre Aufmerksamkeit voll und ganz auf die Rechenschritte zu lenken.

Aufgaben in „Wortform":

Gewicht im letzten Jahr	Gewicht zugenommen	Gewicht jetzt
einhundert-einundzwanzig Pfund	sechzehn Pfund	?

Aufgaben 1

Beginnen wir mit ein paar einfachen Aufgaben. Konzentrieren Sie sich vorläufig auf den eingerahmten Teil auf der rechten Seite und rechnen Sie ausschließlich im Kopf.

Nur wenn Sie nicht weiter kommen, sollten Sie einen Blick auf die herkömmliche Form der Fragestellung werfen. Wenn Sie mit der Aufgabe fertig sind, schauen Sie sich die verschiedenen Rechenwege auf der nächsten Seite an.

■ **Sie möchten etwas Geld im Haushalt einsparen und vergleichen die Telefonrechnungen und Ihre „sonstigen Ausgaben" der letzten vier Monate miteinander.**

a) Im Januar betrug Ihre Telefonrechnung 23,00 € und die Ausgaben im Haushalt 64,00 €. Wie viel bezahlten Sie insgesamt?

b) Im Februar betrug Ihre Telefonrechnung 34,00 € und die Haushaltsausgaben 159,00 €. Wie hoch waren Ihre Ausgaben insgesamt?

c) Im März zahlten Sie 18,00 € fürs Telefon und 135,00 € für Sonstiges. Wie viel bezahlten Sie insgesamt?

d) Im April belief sich Ihre Telefonrechnung auf 57,00 € und die Kosten für Haushaltsausgaben auf 166,00 €. Wie hoch waren Ihre Ausgaben?

Haushaltsrechung:

	Telefon	**Sonstige Ausgaben**	**Total**
a) Januar	dreiund-zwanzig Euro	vierund-sechzig Euro	?
b) Februar	vierund-dreißig Euro	einhundertneun-undfünfzig Euro	?
c) März	achtzehn Euro	einhundert-fünfunddreißig Euro	?
d) April	siebenund-fünfzig Euro	einhundert-sechsund-sechzig Euro	?

1 Lösungsvorschläge

❑ Diese ersten Aufgaben sind einfach, damit Sie ein Gefühl fürs Kopfrechnen bekommen.

a) Diese Aufgabe ist nicht weiter schwer, selbst wenn Sie die Zahlen nicht vor sich sehen. Das Ergebnis lautet: 87,00 €.

b) Diese Aufgabe ist schon etwas verzwickter. Wir kommen aber zum richtigen Ergebnis, wenn wir annehmen, dass die sonstigen Ausgaben sich auf 160,00 € belaufen, und die Telefonrechnung 33,00 € beträgt. Beide zusammen ergeben einen Betrag von 193,00 €.

c) Erhöhen Sie die Telefonrechnung auf 20,00 € und vermindern Sie die Ausgaben für Sonstiges um denselben Betrag (–2,00 €). Das Ergebnis lautet: 153,00 €.

d) Erhöhen Sie den ersten Betrag um 3,00 € auf 60,00 € und vermindern Sie den zweiten ebenfalls um 3,00 €. Da 16 + 6 = 22 ist, wissen Sie, dass 160 + 60 dementsprechend 220 ergibt. Die Summe aus 60,00 € und 163,00 € beträgt deshalb 233,00 €. (Oder rechnen Sie mit „glatten" Zahlen: 160 + 60 = (160 + 40) + 20 und Sie erhalten 200 + 20 = 220.)

a)	23,00 €		
	+ 64,00 €		
	87,00 €		
b)	34,00 €	−1 →	33,00 €
	+ 159,00 €	+1 →	+ 160,00 €
	?		193,00 €
c)	18,00 €	+2 →	20,00 €
	+ 135,00 €	−2 →	+ 133,00 €
	?		153,00 €
d)	57,00 €	+3 →	60,00 €
	+ 166,00 €	−3 →	+ 163,00 €
	?		223,00 €

Aufgaben 2

■ **Sie vergleichen Ihre Versicherung mit der Ihres Freundes und finden heraus, dass Sie für dieselben Leistungen unterschiedliche Beiträge zahlen.**

a) Sie entdecken, dass Sie für die Insassenunfallversicherung 64,00 € bezahlen, Ihr Freund dagegen nur 47,00 €.
Wie viel mehr bezahlen Sie?

b) Ihre Rechtsschutzversicherung kostet Sie 83,00 €, Ihr Freund dagegen zahlt nur 69,00 €.
Wie hoch ist die Differenz?

c) Sie bezahlen für Ihre Haftpflichtversicherung 221,00 €, Ihr Freund dagegen nur 176,00 €.
Wie viel mehr bezahlen Sie?

Versicherungsprämie:

	Ihre Beiträge	Beiträge Ihres Freundes	Differenz
a)	vierundsechzig Euro	siebenundvierzig Euro	?
b)	dreiundachtzig Euro	neunundsechzig Euro	?
c)	zweihunderteinundzwanzig Euro	einhundertsechsundsiebzig Euro	?

2 Lösungsvorschläge

❑ Die vorliegenden Aufgaben sind einfache Subtraktionsaufgaben. Es ist zweckmäßig eine Subtraktionsaufgabe so zu verändern, dass die Zahl, die subtrahiert wird, ein Vielfaches von 10 ist, also 10, 20, 30, usw.

a) Wandeln Sie 47,00 € in 50,00 € und 64,00 € in 67,00 € um. Die Differenz bleibt die gleiche, da Sie beide Beträge gleichwertig erhöht haben. Dadurch wird die Subtraktion einfacher, nämlich 67,00 € minus 50,00 € gleich 17,00 €.

b) Das Ganze noch einmal: Addieren Sie jeweils einen Euro, damit Sie auf 84,00 € und 70,00 € kommen. Anschließend subtrahieren Sie 70,00 € von 84,00 € und Sie erhalten 14,00 €.

c) Wandeln Sie die ursprünglichen Beträge in 225,00 € und 180,00 € um, indem Sie beide Male 4,00 € addieren. Danach subtrahieren Sie 180,00 € von 225,00 € und Sie erhalten 45,00 €.
Die Subtraktion wird sogar noch leichter, wenn Sie beide Beträge um je 20,00 € erhöhen.
Die Rechnung lautet dann:
245,00 € – 200,00 € = 45 €.

a)

64,00 €	+3 →	67,00 €
– 47,00 €	+3 →	– 50,00 €
?		17,00 €

b)

83,00 €	+1 →	84,00 €
– 69,00 €	+1 →	– 70,00 €
?		14,00 €

c)

221,00 €	+4 →	225,00 €
– 176,00 €	+4 →	– 180,00 €
?		45,00 €

Aufgaben 3

■ **Sie wollen in der Apotheke zwei Artikel kaufen.**

a) Der erste Artikel kostet 6,00 € und der zweite 17,00 €. Wie viel kosten beide zusammen?

b) Die Artikel sind mit 4,50 € und 7,50 € ausgezeichnet. Wie viel kosten sie zusammen?

c) Die beiden Artikel kosten 6,95 € und 1,95 €. Wie viel kosten sie ungefähr? Wie viel kosten sie genau?

d) Die Artikel sind mit 8,88 € und 15,75 € ausgezeichnet. Wie viel kosten sie ungefähr? Wie hoch ist der exakte Preis?

Preis für zwei Artikel:

	Artikel 1	Artikel 2	Total
a)	sechs Euro	siebzehn Euro	?
b)	vier Euro fünfzig	sieben Euro fünfzig	?
c)	sechs Euro fünfundneunzig	ein Euro fünfundneunzig	ungefähr ? genau ?
d)	acht Euro achtundachtzig	fünfzehn Euro fünfundsiebzig	ungefähr ? genau ?

3 Lösungsvorschläge

❑ **Die nächsten Aufgaben sollen zeigen, dass Sie ohne größere Anstrengung zum richtigen Ergebnis kommen, wenn Sie mit einer einfachen Überschlagsrechnung beginnen.**

a) Die Addition der Beträge 17,00 € und 6,00 € ist einfach. Das Ergebnis lautet: 23,00 €.

b) Rechnen Sie zunächst 4,00 € plus 7,00 € gleich 11,00 €, danach 0,50 € plus 0,50 € gleich 1,00 €. Zum Schluss addieren Sie beide Beträge: 11,00 € plus 1,00 € ergibt 12,00 €.

c) Überschlagen Sie die Rechnung zuerst im Kopf, indem Sie 6,95 € zu 7,00 € und 1,95 € zu 2,00 € aufrunden und anschließend addieren. Das Ergebnis lautet: 9,00 €. Nachdem Sie beide Male 5 Cents zu viel berechnet haben, ziehen Sie 10 Cents wieder ab und Sie erhalten als exaktes Ergebnis 8,90 €.

d) Überschlagen Sie die beiden Artikel mit 9,00 € plus 16,00 € gleich 25,00 €. Zum exakten Ergebnis gelangen Sie, wenn Sie die Summe aus 0,12 € + 0,25 € = 0,37 € (das „Zuviel" des Rundens) von den 25,00 € wieder abziehen. Das Ergebnis lautet: 24,63 €.

a)

	17,00 €
+	6,00 €
	23,00 €

Euros und Cents separat:

b)

Aufgabe	▷			
4,50 €		4,00 €	0,50 €	11,00 €
+ 7,50 €		+ 7,00 €	+ 0,50 €	+ 1,00 €
?		**11,00 €**	**1,00 €**	**12,00 €**

	Aufgabe		ungefähr:	exakt:	
c)	6,95 €	▷	7,00 €	0,05 €	9,00 €
	+ 1,95 €		+ 2,00 €	+ 0,05 €	− 0,10 €
	?		**9,00 €**	**0,10 €**	**8,90 €**
d)	8,88 €	▷	9,00 €	0,12 €	25,00 €
	+ 15,75 €		+ 16,00 €	+ 0,25 €	− 0,37 €
	?		**25,00 €**	**0,37 €**	**24,63 €**

Aufgaben 4

■ **Jetzt geht es um das Wechselgeld in einem Lebensmittelladen.**

a) In Ihrem Einkaufskorb befinden sich Konservendosen im Wert von 3,00 € sowie Gemüse für 0,80 €. Wie hoch ist Ihr Wechselgeld, wenn Sie mit einem 5-Euro-Schein bezahlen?

b) Die Konservendosen kosten in diesem Fall 16,25 € und das Gemüse 2,70 €. Wie hoch ist Ihr Wechselgeld, wenn Sie mit einem 20-Euro-Schein bezahlen?

c) Dieses Mal kosten die Konservendosen 4,89 € und das Gemüse 3,54 €. Sie bezahlen mit einem 10-Euro-Schein. Wie viel Wechselgeld bekommen Sie?

Wechselgeld beim Einkaufen:

	Konservendosen	Gemüse	Wechselgeld bei einem ...
a)	drei Euro	achtzig Cents	5-Euro-Schein
b)	sechzehn Euro fünfundzwanzig	zwei Euro siebzig	20-Euro-Schein
c)	vier Euro neunundachtzig	drei Euro vierundfünfzig	10-Euro-Schein

4 Lösungsvorschläge

a) 3,00€ plus 0,80 € ergeben zusammen 3,80 €. Das Wechselgeld auf einen 5-Euro-Schein errechnet sich, indem Sie von 3,80 € auf 4,00 € ergänzen und dann noch 1,00 € dazuzählen (auf 5,00 € ergänzt). Von dem 5-Euro-Schein bleiben genau 1,20 € übrig.

b) 16,00 € plus 2,00 € ergeben zusammen 18,00 €. Danach addieren Sie 0,25 € und 0,70 € und erhalten 0,95 €. (Sie können beide Additionen auch auf einmal ausführen.) Das Ergebnis lautet: 18,95 €. Und wie errechnet sich das Wechselgeld? Sie ergänzen einfach schrittweise: 18,95 € plus 0,05 € ergeben 19,00 € plus 1,00 € gleich 20,00 €. Mit anderen Worten: Von dem 20-Euro-Schein bleiben genau 1,05 € übrig.

c) Hier rechnen Sie nicht mit 4,89 € sondern mit gerundeten 5,00 €, wobei Sie nicht vergessen dürfen, dass Sie mit 0,11 € im Plus liegen. Dann rechnen Sie 5,00 € und 3,54 € zusammen und erhalten 8,54 €. Wenn Sie davon 0,11 € abziehen, kommen Sie auf 8,43 €. Das Wechselgeld errechnet sich folgendermaßen: 8,43 € plus 0,07 € gleich 8,50 €. Und weiter: 8,50 € plus 0,50 € gleich 9,00 € plus 1,00 € gleich 10,00 €. Das Ergebnis lautet somit: 1,57 €.

a)
3,00 €
\+ 0,80 €
3,80 €

▷ 3,80 € + 0,20 € = 4,00 €
4,00 € + 1,00 € = 5,00 €
1,20 € (Wechselgeld)

b)
16,25 €
\+ 2,70 €
18,95 €

▷ 18,95 € + 0,05 € = 19,00 €
19,00 € + 1,00 € = 20,00 €
1,05 € (Wechselgeld)

c)
4,89 €
\+ 3,54 €
?

▷ 5,00 € + 3,54 € = 8,54 €
8,54 € – 0,11 € = 8,43 €
▽
8,43 € + 0,07 € = 8,50 €
8,50 € + 0,50 € = 9,00 €
9,00 € + 1,00 € = 10,00 €
1,57 € (Wechselgeld)

Aufgaben 5

■ **Sie stehen beim Einkaufen vor der Kasse und wollen den Preis für drei Artikel überschlagen.**

a) Die drei Artikel sind mit 12,00 €, 16,00 € und 8,00 € ausgezeichnet. Wie viel müssen Sie bezahlen? (Die Rechnung ist so einfach, dass Sie auf eine Überschlagsrechnung verzichten können.)

b) Die Preise lauten: 3,99 €, 24,88 € und 5,95 €. Wie viel werden die drei Artikel ungefähr kosten?

c) Dieses mal kosten die drei Sachen 8,88 €, 56,75 € und 12,90 €. Wie viel müssen Sie ungefähr bezahlen?

d) Einen Artikel gibt es im Zweierpack für 15,95 €, Sie wollen aber nur einen davon. Die beiden anderen Artikel kosten 69,90 € und 41,85 €. Wie hoch wird Ihre Rechnung ungefähr sein?

Gesamtkosten:

	Artikel 1	Artikel 2	Artikel 3	Total
a)	zwölf Euro	sechzehn Euro	acht Euro	? (exakt)
b)	drei Euro neunundneunzig	vierundzwanzig Euro achtundachtzig	fünf Euro fünfundneunzig	? (ungefähr)
c)	acht Euro achtundachtzig	sechsundfünfzig Euro fünfundsiebzig	zwölf Euro neunzig	? (ungefähr)
d)	*zwei* Artikel für fünfzehn Euro fünfundneunzig	neunundsechzig Euro neunzig	einundvierzig Euro fünfundachtzig	? (ungefähr)

5 Lösungsvorschläge

a) Am einfachsten ist es, mit 12,00 € plus 8,00 € zu beginnen, denn damit kommen Sie auf 20,00 €, einem Vielfachen von 10. Wenn Sie die verbleibenden 16,00 € dazurechnen, erhalten Sie 36,00 €.

b) Die drei Artikel kosten rund 4,00 €, 25,00 € und 6,00 €. Die Reihenfolge spielt beim Addieren keine Rolle, Sie werden sich aber mit 6,00 € plus 4,00 € am leichtesten tun. Das Ergebnis der Überschlagsrechnung lautet dann: 10,00 € plus 25,00 € gleich 35,00 €.

c) Die drei Artikel kosten rund 9,00 €, 57,00 € und 13,00 €. Am einfachsten lässt sich 13,00 plus 9,00 rechnen. Danach addieren Sie 22,00 € und 57,00 €. Das Endergebnis lautet damit: 79,00 €.
Sie könnten aber auch 57,00 € plus 13,00 € rechnen, und im Anschluss daran 70,00 € plus 9,00 € gleich 79,00 €.

d) Der erste Artikel kostet die Hälfte von 15,95 € und damit ungefähr 8,00 €. Der zweite Artikel kostet rund 70,00 € und der dritte rund 42,00 €.
42,00 € plus 8,00 € ergeben 50,00 €. Wenn Sie dann noch den Preis des zweiten Artikels hinzufügen, bekommen Sie als Ergebnis 50,00 € plus 70,00 € gleich 120,00 €.

a) 12,00 € + 16,00 € + 8,00 € = **(12,00 € + 8,00 €) + 16,00 €**
= 20,00 € + 16,00 € = **36,00 €**

b) 3,99 € + 24,88 € + 5,95 € = ?
4,00 € + 25,00 € + 6,00 € = (6,00 € + 4,00 €) + 25,00 €
= 10,00 € + 25,00 € = 35,00 € *(ungefähr)*

c) 8,88 € + 56,75 € + 12,90 € = ?
9,00 € + 57,00 € + 13,00 € = (13,00 € + 9,00 €) + 57,00 €
= 22,00 € + 57,00 € = 79,00 € *(ungefähr)*

d) (2 für 15,95 €) + 69,90 € + 41,85 € = ?
8,00 € + 70,00 € + 42,00 € = (42,00 € + 8,00 €) + 70,00 €
= 50,00 € + 70,00 € = 120,00 € *(ungefähr)*

Aufgaben 6

■ Sie müssen sich von Ihrem Fahrrad, Ihrem Fernsehgerät und Ihrem Auto trennen und rechnen dabei mit Verlusten. Sie trösten sich damit, dass Sie Ihr Eigentum lange genug in Gebrauch hatten. Können Sie Ihre finanziellen Einbußen im Kopf ausrechnen?

a) Das Fahrrad verkaufen Sie für 65,00 €; ursprünglich hat es 115,00 € gekostet. Wie viel verlieren Sie bei dem Verkauf?

b) Das Fernsehgerät bringen Sie für 89,00 € an den Mann; der Ladenpreis betrug genau 226,00 €. Wie hoch ist Ihr Verlust?

c) Ihr Auto wollen Sie für 2 350,00 € loswerden. Sie hatten dafür ursprünglich 5 925,00 € bezahlt. Wie hoch sind Ihre Einbußen?

Verluste beim Verkauf:

	Objekte	Kaufpreis	Verkaufspreis	Verlust
a)	**Fahrrad**	einhundertfünzehn Euro	fünfundsechzig Euro	?
b)	**Fernseher**	zweihundertsechsundzwanzig Euro	neunundachtzig Euro	?
c)	**Auto**	fünftausendneunhundertfünfundzwanzig Euro	zweitausenddreihundertfünfzig Euro	?

6 Lösungsvorschläge

❑ Diese Aufgaben sind zwar „nur" Subtraktionsaufgaben, die Zahlen liegen aber im 2- und 3-stelligen Bereich und hinzu kommt, dass Sie sich mehr Zwischenergebnisse merken müssen.

a) Ermitteln Sie die Differenz zwischen 65,00 € und 100,00 €, indem Sie zu 65,00 € erst 5,00 € und dann 30,00 € addieren. Subtrahieren Sie dann 100,00 € von 115,00 €. Sie erhalten 15,00 €. Jetzt brauchen Sie nur noch 5,00 €, 30,00 € und 15,00 € zusammenzurechnen und Sie gelangen zum richtigen Ergebnis. – Es lautet: 50,00 €.

b) Um von 89,00 € auf 100,00 € zu ergänzen, müssen Sie 11,00 € hinzuaddieren. Anschließend subtrahieren Sie 100,00 € von 226,00 € (bzw. ergänzen von 100,00 € auf 226,00 €) und Sie erhalten 126,00 €. Diese beiden Teilbeträge ergeben Ihren Verlust: 11,00 € plus 126,00 € gleich 137,00 €.

c) Beginnen Sie wieder mit der Zahl, die subtrahiert wird. Ergänzen Sie zuerst von 2 350,00 € auf 2 400,00 € (den nächsten glatten 100-er), indem Sie 50,00 € dazurechnen.
Anschließend addieren Sie 3 500,00 € und Sie landen bei 5 900,00 €. Die restliche Differenz beträgt 25,00 €. Wenn Sie 50,00 €, 3 500,00 € und 25,00 € addieren, erhalten Sie als Endergebnis 3 575,00 €.

schrittweise ergänzen:

	Aufgabe		Ergänzung
a)	115,00 €		65,00 € + 5,00 € = 70,00 €
	– 65,00 €	▷	70,00 € + 30,00 € = 100,00 €
	?		100,00 € + 15,00 € = 115,00 €
			50,00 € *Verlust*
b)	226,00 €		89,00 € + 11,00 € = 100,00 €
	– 89,00 €	▷	100,00 € + 126,00 € = 226,00 €
	?		**137,00 €** *Verlust*
c)	5 925,00 €		2 350,00 € + 50,00 € = 2 400,00 €
	– 2 350,00 €	▷	2 400,00 € + 3 500,00 € = 5 900,00 €
	?		5 900,00 € + 25,00 € = 5 925,00 €
			3 575,00 € *Verlust*

Aufgaben 7

■ **Es ist Schlussverkauf und Sie wollen Ihre Garderobe erweitern. Alle gewünschten Artikel sind im Angebot. In dieser Situation reicht gewöhnlich eine kurze Überschlagsrechnung. Sie können sich Ihre Ersparnisse aber auch genau ausrechnen, und zwar ohne großen Mehraufwand.**

a) Die Schuhe, die Sie kaufen wollen, wurden von 40,00 € auf 31,95 € reduziert. Wie viel würden Sie ungefähr einsparen? Wie viel genau?

b) Das 65,00 € teure Jackett kostet im Angebot nunmehr 48,88 €. Wie viel sparen Sie ungefähr ein? Exakt?

c) Das Hemd, das ursprünglich 22,50 € kostete, ist für 13,75 € zu haben. Wie hoch sind diesmal Ihre Ersparnisse? Über den Daumen gepeilt? Bis auf den letzten Cent?

Schlussverkauf:

	Artikel	regulärer Preis	Sonder-angebot	Ersparnis
a)	Schuhe	vierzig Euro	einunddreißig Euro fünfundneunzig	ungefähr? genau?
b)	Jackett	fünfundsechzig Euro	achtundvierzig Euro achtundachtzig	ungefähr? genau?
c)	Hemd	zweiundzwanzig Euro fünfzig	dreizehn Euro fünfundsiebzig	ungefähr? genau?

7 Lösungsvorschläge

a) Um zu überschlagen, rechnen Sie am besten mit 32,00 € und nicht mit 31,95 €. Wenn Sie diesen Betrag von 40,00 € abziehen, erhalten Sie die Summe, die Sie ungefähr einsparen, nämlich 8,00 €. Für die exakte Berechnung müssen Sie noch 5 Cents addieren (die Differenz zwischen 31,95 € und 32,00 €). Das Ergebnis lautet damit: 8,05 €.

b) In diesem Fall rechnen Sie nicht mit 48,88 €, sondern mit gerundeten 50,00 €. Werden diese 50,00 € von 65,00 € abgezogen, ergibt sich daraus eine Differenz von 15,00 €, sprich die Höhe Ihrer ungefähren Ersparnisse. (Sie können den Preis aber auch von 48,88 € auf 49,00 € aufrunden, dann beträgt das Ergebnis 16,00 €.)

Die Differenz zwischen 48,88 € und 50,00 € beträgt 1,12 €. Addieren Sie diesen Betrag zu 15,00 € und Sie erhalten als exakte Summe 16,12 €.

c) Aus 22,50 € werden 23,00 €, und aus 13,75 € kurzerhand 14,00 €. Die Differenz beträgt 9,00 €. – Das ist der Betrag, den Sie, über den Daumen gepeilt, einsparen. Für das genaue Ergebnis empfiehlt es sich, auf die ursprünglichen Preise zurückzugreifen, da beide Beträge aufgerundet wurden. Hätte der Sonderpreis 13,50 € und nicht 13,75 € betragen, dann würden Sie 9,00 € sparen. Bei 13,75 € ist die Ersparnis um 0,25 € geringer, deshalb müssen Sie diesen Betrag von 9,00 € abziehen. Das genaue Ergebnis lautet daher: 8,75 €.

			ungefähr	genau		
a)	40,00 €		40,00 €	32,00 €	8,00 €	
	– 31,95 €	▷	– 32,00 €	– 31,95 €	+ 0,05 €	
	?		**8,00 €**	**0,05 €**	**8,05 €**	
b)	65,00 €		65,00 €	50,00 €	15,00 €	
	– 48,88 €	▷	– 50,00 €	– 48,88 €	+ 1,12 €	
	?		**15,00 €**	**1,12 €**	**16,12 €**	
c)	22,50 €		23,00 €	22,50 €	13,75 €	9,00 €
	– 13,75 €	▷	– 14,00 €	– 13,50 €	– 13,50 €	– 0,25 €
	?		**9,00 €**	**9,00 €**	**0,25 €**	**8,75 €**

Aufgaben 8

■ **Sie waren mit Ihrem Moped unterwegs und wollen die zurückgelegte Entfernung ausrechnen.**

a) Sie gondelten 4 Stunden lang mit einer Durchschnittsgeschwindigkeit von 40 km/h durch die Gegend. Welche Strecke haben Sie zurückgelegt?

b) Sie fuhren 3 Stunden lang mit einer durchschnittlichen Geschwindigkeit von 55 km pro Stunde. Welche Strecke liegt hinter Ihnen?

c) Sie waren $5\frac{1}{2}$ Stunden unterwegs, und zwar mit 60 km pro Stunde. Wie viele km haben Sie zurückgelegt?

d) Sie waren $4\frac{1}{2}$ Stunden lang mit einer durchschnittlichen Geschwindigkeit von 52 km/h unterwegs. Wie hoch ist die zurückgelegte Entfernung?

Zurückgelegte Strecke:

	Fahrzeit	durchschnittliche Geschwindigkeit	Entfernung
a)	**vier Stunden**	vierzig Kilometer pro Stunde	?
b)	**drei Stunden**	fünfundfünfzig Kilometer pro Stunde	?
c)	**fünfeinhalb Stunden**	sechzig Kilometer pro Stunde	?
d)	**viereinhalb Stunden**	zweiundfünfzig Kilometer pro Stunde	?

8 Lösungsvorschläge

❑ **Sie errechnen die zurückgelegte Strecke, indem Sie beide Angaben miteinander multiplizieren.**

a) 4 mal 40 ergibt 160.
Zum gleichen Ergebnis kommen Sie, wenn Sie die 40 zweimal verdoppeln: 2 mal 40 gleich 80, und 2 mal 80 gleich 160 km.

b) Zerlegen Sie die Zahl 55 in 50 + 5.
Rechnen Sie dann 50 · 3 gleich 150 und 5 · 3 gleich 15.
Die Summe daraus ergibt die Gesamtstrecke: 150 plus 15 gleich 165 km.

c) Zerlegen Sie $5\frac{1}{2}$ in $5 + \frac{1}{2}$.
Rechnen Sie dann: 5 · 60 gleich 300, und $\frac{1}{2} \cdot 60$ gleich 30. Die Summe daraus lautet: 330 km. (Wenn Sie zum Zwischenergebnis (= 300) ein Zehntel addieren, kommen Sie zum selben Ergebnis; dies gilt auch für die vorhergehende Aufgabe.)

d) Zerlegen Sie $4\frac{1}{2}$ in $4 + \frac{1}{2}$.
Rechnen Sie dann 4 · 52 gleich 208, und $\frac{1}{2} \cdot 52$ gleich 26.
Beide Produkte addiert liefern das Endergebnis von 234 km. Wenn Ihnen die Multiplikation von 4 · 52 zu schwer erscheint, zerlegen Sie einfach den zweiten Faktor 52 in 50 + 2.

Zahlen zerlegen:

a) $4 \cdot 40 = \mathbf{2 \cdot (2 \cdot 40)}$
$= 2 \cdot 80 = 160$ km

b) $3 \cdot 55 = \mathbf{(50 + 5) \cdot 3}$
$= (50 \cdot 3) + (5 \cdot 3)$
$= 150 + 15 = 165$ km

c) $5\frac{1}{2} \cdot 60 = \mathbf{(5 + \frac{1}{2}) \cdot 60}$
$= (5 \cdot 60) + (\frac{1}{2} \cdot 60)$
$= 300 + 30 = 330$ km

d) $4\frac{1}{2} \cdot 52 = \mathbf{(4 + \frac{1}{2}) \cdot 52}$
$= (4 \cdot 52) + (\frac{1}{2} \cdot 52)$
$= 208 + 26 = 234$ km

Aufgaben 9

■ **Sie haben sich ein Energiesparauto gekauft und wollen wissen, wie viele Kilometer Sie mit einem Liter Benzin zurücklegen können.**

a) Mit 12 Litern Sprit im Tank fahren Sie eine Strecke von 240 km. Wie viele km pro Liter sind das?

b) Für 315 km brauchen Sie 15 Liter. Wie viele km pro Liter können Sie fahren?

c) Mit 16 Litern kommen sie auf 432 km. Wie viele km pro Liter sind das?

d) Zuletzt brachten Sie es mit 11 Litern auf 319 km. Wie viele km pro Liter waren es diesmal?

Benzinverbrauch:

	zurückgelegte Strecke	verbrauchter Kraftstoff	Kilometer pro Stunde
a)	zweihundertvierzig Kilometer	**zwölf Liter**	?
b)	dreihundertfünfzehn Kilometer	**fünfzehn Liter**	?
c)	vierhundertzweiunddreißig Kilometer	**sechzehn Liter**	?
d)	dreihundertneunzehn Kilometer	**elf Liter**	?

9 Lösungsvorschläge

Divisionsaufgaben im Kopf zu rechnen, ist in vielen Fällen nicht ganz einfach. Aber auch dafür gibt es Kniffe und Tricks.

a) Sie müssen 240 durch 12 teilen. Da die 12 zweimal in der 24 enthalten ist, lautet das Ergebnis: 20 km pro Liter.

b) Sobald Sie erkennen, dass die 15 zwanzig Mal in der 300 enthalten ist, sind Sie der richtigen Antwort auf der Spur. Es verbleiben noch 15. Da die 15 demnach einundzwanzig Mal in 315 enthalten ist, lautet die Antwort: 21 km pro Liter.

c) Aufgepasst, die 16 passt in die 400 exakt fünfundzwanzig Mal (denken Sie an $\frac{4}{16}$ gekürzt als $\frac{1}{4} = 0{,}25$) und in die 432 folglich siebenundzwanzig Mal. Die durchschnittlich zurückgelegte Strecke beträgt damit 27 km pro Liter.

d) Wenn Sie 330 km geschafft hätten, wäre die durchschnittlich zurückgelegte Strecke 30 km pro Liter gewesen: 330 geteilt durch 11 gleich 30. Sie sind jedoch 11 km weniger als 330 km gefahren. Teilen Sie deshalb 319 durch 11, damit lautet das Ergebnis: 29 km pro Liter.

a) $\frac{240}{12} = 20$ km/l

b) $\frac{315}{15} = \frac{\mathbf{300}}{\mathbf{15}} + \frac{\mathbf{15}}{\mathbf{15}} = 20 + 1 = 21$ km/l

c) $\frac{432}{16} = \frac{\mathbf{400}}{\mathbf{16}} + \frac{\mathbf{32}}{\mathbf{16}} = 25 + 2 = 27$ km/l

d) $\frac{319}{11} = \frac{\mathbf{330}}{\mathbf{11}} - \frac{\mathbf{11}}{\mathbf{11}} = 30 - 1 = 29$ km/l

Aufgaben 10

■ **Sie wollen eine Freundin besuchen, die nur einen Kilometer von Ihnen entfernt wohnt. Auf Ihrem Fußmarsch nehmen Sie den Kinderwagen mit.**
Wie lange werden Sie wohl unterwegs sein?

a) Sie gehen davon aus, dass Sie ungefähr 4 km in der Stunde zurücklegen. Wie lange wären Sie dann unterwegs?

b) Wenn Sie 3 km in der Stunde veranschlagen, wie lange würden Sie dann brauchen?

c) Wenn Sie 5 km in einer Stunde zurücklegen, wie lange bräuchten Sie dann?

d) Und wie steht es mit $4\frac{1}{2}$ km pro Stunde? Wie lange wären Sie dann unterwegs?

Ein Spaziergang:

Wie viel Zeit benötigen Sie, um einen Kilometer zurückzulegen?

	Geschwindigkeit	Zeit
a)	**vier** Kilometer pro Stunde	?
b)	**drei** Kilometer pro Stunde	?
c)	**fünf** Kilometer pro Stunde	?
d)	**viereinhalb** Kilometer pro Stunde	?

10 Lösungsvorschläge

a) Wenn Sie 4 km in der Stunde zurücklegen, brauchen Sie für einen Kilometer $\frac{1}{4}$ Stunden (= 0,25 h) oder 15 Minuten: $\frac{1}{4} \cdot 60 = 15$.

b) Bei 3 km in der Stunde brauchen Sie für einen Kilometer $\frac{1}{3}$ Stunden (= $0,\overline{3}$ h) oder 20 Minuten: $\frac{1}{3} \cdot 60 = 20$.

c) Bei 5 km pro Stunde benötigen Sie für einen Kilometer $\frac{1}{5}$ Stunden (= 0,2 h) oder 12 Minuten: $\frac{1}{5} \cdot 60 = 12$.

d) Bei $4\frac{1}{2}$ km pro Stunde benötigen Sie für einen Kilometer $\frac{1}{4\frac{1}{2}}$ Stunden. Zur Vereinfachung können Sie Zähler und Nenner mit 2 multiplizieren und erhalten damit $\frac{2}{9}$.
Sie benötigen für einen Kilometer demnach $\frac{2}{9}$ Stunden (= $0,\overline{2}$ h).
(Bei einer Geschwindigkeit von 9 km pro Stunde könnten Sie die doppelte Strecke zurücklegen, nur müssten Sie dafür joggen.) In Minuten umgerechnet lautet das Ergebnis:
$\frac{2}{9} \cdot 60$ gleich $\frac{120}{9}$ oder $\frac{4}{3} \cdot 10$ also $13,\overline{3}$ Minuten.

a) $1 : 4 = \frac{1}{4}$ Stunden (oder 0,25 h)

$\frac{1}{4} \cdot 60 = \frac{60}{4} = 15$ Minuten

b) $1 : 3 = \frac{1}{3}$ Stunden (oder $0,\overline{3}$ h)

$\frac{1}{3} \cdot 60 = \frac{60}{3} = 20$ Minuten

c) $1 : 5 = \frac{1}{5}$ Stunden (oder 0,2 h)

$\frac{1}{5} \cdot 60 = \frac{60}{5} = 12$ Minuten

d) $1 : 4\frac{1}{2} = \frac{1}{4\frac{1}{2}} = \frac{1 \cdot 2}{4\frac{1}{2} \cdot 2} = \frac{2}{9}$ Stunden (oder $0,\overline{2}$ h)

$\frac{2}{9} \cdot 60 = \frac{120}{9} = \frac{40}{3} = \frac{4}{3} \cdot 10 = 13,\overline{3}$ Minuten

Aufgaben 11

Bei diesen Aufgaben geht es um Ihr Jahreseinkommen.

a) Ihr monatlicher Verdienst beträgt 800,00 €. Wie hoch ist Ihr Jahreseinkommen?

b) Sie verdienen monatlich 1 500,00 €. Wie viel verdienen Sie im Jahr?

c) Sie verdienen 2 050,00 € im Monat. Wie hoch ist Ihr jährliches Einkommen?

Monatseinkommen/Jahreseinkommen:

	Monatseinkommen	Jahreseinkommen
a)	achthundert Euro	?
b)	eintausendfünfhundert Euro	?
c)	zweitausendfünfzig Euro	?

11 Lösungsvorschläge

a) Zerlegen Sie 12 in 10 + 2 und multiplizieren Sie nacheinander mit 800,00 €:
10 · 800,00 € gleich 8 000,00 € und
2 · 800,00 € gleich 1 600,00 €.
Aus der Summe der beiden Produkte ergibt sich Ihr Jahreseinkommen von 9 600,00 €.

b) Zerlegen Sie 12 in 10 + 2 und multiplizieren Sie nacheinander
10 · 1 500,00 € und 2 · 1 500,00 €.
Dann addieren Sie beide Ergebnisse und Sie erhalten den Betrag von 18 000,00 €.

c) Zerlegen Sie 2 050,00 € in 2 000,00 € + 50,00 € und multiplizieren Sie mit 12. Sie erhalten:
(12 · 2 000,00 €) + (12 · 50,00 €)
gleich 24 000,00 € + 600,00 €.
Das jährliche Einkommen beläuft sich demnach auf 24 600,00 €. Alternativ können Sie auch die 12 zerlegen:
(10 + 2) · 2 050,00 € =
10 · 2 050,00 € + 2 · 2 050,00 € =
20 500,00 € + 4 100,00 € =
24 600,00 €.

Zahlen zerlegen:

a) 12 · 800 € = **(10 + 2) · 800,00 €**
= (10 · 800,00 €) + (2 · 800,00 €)
= 8 000,00 € + 1 600,00 € = 9 600,00 €

b) 12 · 1 500,00 € = **(10 + 2) · 1 500,00 €**
= (10 · 1 500,00 €) + (2 · 1 500,00 €)
= 15 000,00 € + 3 000,00 € = 18 000,00 €

c) 12 · 2 050,00 € = **12 · (2 000,00 € + 50,00 €)**
= (12 · 2 000,00 €) + (12 · 50,00 €)
= 24 000,00 € + 600,00 € = 24 600,00 €

Aufgaben 12

■ **Sie haben an zwei Tagen eine bestimmte Anzahl von Stunden gearbeitet.**

a) Gestern arbeiteten Sie 3 Stunden und heute $4\frac{1}{2}$. Wie viele Stunden haben Sie in den letzten zwei Tagen insgesamt gearbeitet?

b) Gestern waren es $5\frac{1}{2}$ Stunden und heute $6\frac{1}{4}$ Stunden. Wie viele Stunden waren es insgesamt?

c) Gestern arbeiteten Sie $2\frac{3}{4}$ Stunden und heute $7\frac{1}{2}$. Wie viele Stunden waren es insgesamt?

d) Gestern brachten Sie es auf $12\frac{3}{4}$ Stunden und heute auf $9\frac{3}{4}$ Stunden. Wie viele Stunden sind es zusammengerechnet?

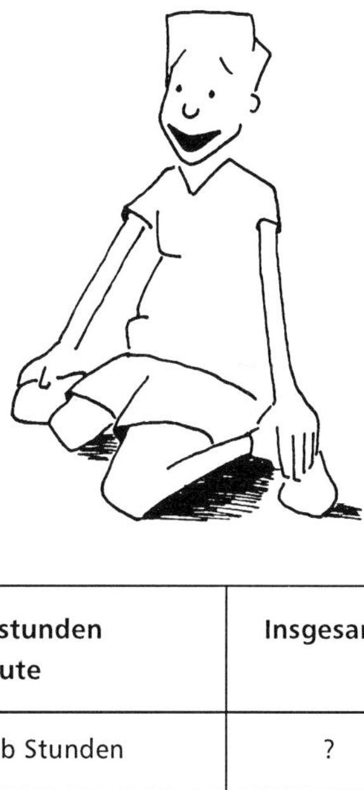

Anzahl der geleisteten Arbeitsstunden:

	Arbeitsstunden gestern	Arbeitsstunden heute	Insgesamt
a)	drei Stunden	viereinhalb Stunden	?
b)	fünfeinhalb Stunden	sechseinviertel Stunden	?
c)	zweidreiviertel Stunden	siebeneinhalb Stunden	?
d)	zwölfdreiviertel Stunden	neundreiviertel Stunden	?

12 Lösungsvorschläge

a) 3 plus 4 ergibt 7. Wenn Sie anschließend $\frac{1}{2}$ addieren, bekommen Sie als Ergebnis die Gesamtstundenzahl von $7\frac{1}{2}$ Stunden.

b) 5 plus 6 ergibt 11. Denken Sie bei $\frac{1}{2}$ plus $\frac{1}{4}$ daran, dass $\frac{1}{2} = \frac{2}{4}$ und $\frac{2}{4} + \frac{1}{4} = \frac{3}{4}$.
Das Ergebnis lautet daher:
$11\frac{3}{4}$ Stunden.

c) 2 plus 7 ergibt 9. Vergessen Sie bei $\frac{3}{4}$ plus $\frac{1}{2}$ nicht, dass $\frac{1}{2} = \frac{2}{4}$; daher gilt: $\frac{3}{4} + \frac{2}{4} = \frac{5}{4}$ oder $1\frac{1}{4}$.
Wenn Sie abschließend 9 und $1\frac{1}{4}$ addieren, erhalten Sie als Ergebnis $10\frac{1}{4}$ Stunden.

d) 12 plus 9 ergibt 21. Aus $\frac{3}{4}$ plus $\frac{3}{4}$ folgt: $\frac{6}{4} = 1\frac{2}{4} = 1\frac{1}{2}$.
Wenn Sie 21 und $1\frac{1}{2}$ addieren, erhalten Sie als Endergebnis $22\frac{1}{2}$ Stunden.

Zahlen geschickt zusammenfassen:

a) $3 + 4\frac{1}{2} = (3 + 4) + \frac{1}{2}$
$= 7\frac{1}{2}$ Stunden

b) $5\frac{1}{2} + 6\frac{1}{4} = (5 + 6) + (\frac{1}{2} + \frac{1}{4})$
$= 11 + (\frac{2}{4} + \frac{1}{4})$
$= 11\frac{3}{4}$ Stunden

c) $2\frac{3}{4} + 7\frac{1}{2} = (2 + 7) + (\frac{3}{4} + \frac{1}{2})$
$= 9 + (\frac{3}{4} + \frac{2}{4})$
$= 9\frac{5}{4}$
$= 10\frac{1}{4}$ Stunden

d) $12\frac{3}{4} + 9\frac{3}{4} = (12 + 9) + (\frac{3}{4} + \frac{3}{4})$
$= 21 + \frac{6}{4}$
$= 21 + (1 + \frac{2}{4})$
$= 21 + 1\frac{1}{2}$
$= 22\frac{1}{2}$ Stunden

Aufgaben 13

■ **Vier Sportschützen zielen beim Training ins Schwarze. Wer trifft am besten?**

a) Der erste Schütze trifft bei 40 Schüssen 10-mal ins Schwarze. Wie hoch ist seine Trefferquote …
- als Bruch?
- als Dezimalzahl?
- in Prozent?

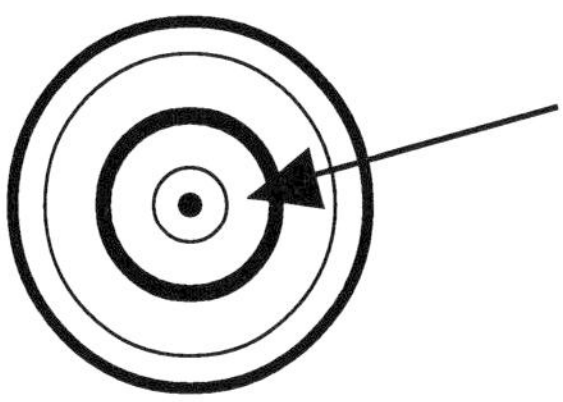

b) Der zweite Schütze hat 56 Versuche und trifft 7-mal ins Schwarze.

c) Der dritte Schütze landet 12 Treffer bei 32 Versuchen.

d) Der vierte Schütze ist mit 40 Treffern bei 180 Versuchen erfolgreich.

Wie oft geht der Schuss ins Schwarze?

	Anzahl der Versuche	Anzahl der Treffer	Trefferquote
a)	vierzig	zehn	als Bruch? als Dezimalzahl? in Prozent?
b)	sechsundfünfzig	sieben	als Bruch? als Dezimalzahl? in Prozent?
c)	zweiunddreißig	zwölf	als Bruch? als Dezimalzahl? in Prozent?
d)	einhundertachtzig	vierzig	als Bruch? als Dezimalzahl? in Prozent?

13 Lösungsvorschläge

a) Bei 40 Schuss und 10 Treffern liegt die Trefferquote bei $\frac{10}{40}$.
Wird $\frac{10}{40}$ gekürzt, erhält man $\frac{1}{4}$ und als Dezimalzahl 0,25.
In Prozent ausgedrückt, sind dies 25%.

b) Bei 56 Schuss und 7 Treffern lautet die Trefferquote $\frac{7}{56}$ oder $\frac{1}{8}$.
Und als Dezimalzahl? Da $\frac{1}{8}$ die Hälfte von $\frac{1}{4}$ ist und $\frac{1}{4}$ gleich 0,25, folgt daraus: $\frac{1}{8}$ gleich 0,125.
Die durchschnittliche Trefferquote beträgt demnach 0,125 oder 12,5%.

c) Bei 32 Schuss und 12 Treffern beträgt die Trefferquote $\frac{12}{32}$ bzw. $\frac{3}{8}$ (gekürzt).
Nach dem eben genannten Beispiel gilt: $\frac{1}{8}$ gleich 0,125.
Daher ist $\frac{3}{8}$ das Dreifache von 0,125, also 0,375.
In Prozent ausgedrückt lautet das Ergebnis: 37,5%.

d) Bei 180 Schuss und 40 Treffern liegt die Trefferquote bei $\frac{40}{180}$. Kürzt man diesen Bruch mit 20, erhält man als Ergebnis $\frac{2}{9}$. Da $\frac{1}{9}$ gleich $0,\overline{1}$, entspricht $\frac{2}{9}$ der Dezimalzahl $0,\overline{2}$.
In Prozent ausgedrückt, beträgt die Trefferquote ca. 22,2%.

a) $\frac{10}{40} = \frac{1}{4} = 0{,}25 = 25\,\%$

b) $\frac{7}{56} = \frac{1}{8} = 0{,}125 = 12{,}5\,\%$

c) $\frac{12}{32} = \frac{3}{8} = 0{,}375 = 37{,}5\,\%$

d) $\frac{40}{180} = \frac{2}{9} = 0{,}\overline{2} \approx 22{,}2\,\%$

Aufgaben 14

■ Bei den folgenden Aufgaben soll das jährliche Längenwachstum dreier Baumarten miteinander verglichen werden.

a) Eine Buche wuchs im letzten Jahr 17,0 cm und in diesem 14,3 cm. Wie groß ist der Zuwachs in den zwei Jahren? Um wie viele Zentimeter ist der Baum im zweiten Jahr zurückgeblieben?

b) Eine Fichte wuchs im letzten Jahr 22,6 cm und in diesem 18,2 cm. Wie groß ist der Zuwachs in den zwei Jahren? Wie groß ist die Differenz?

c) Eine Tanne wuchs im letzten Jahr 29,3 cm und in diesem 15,8 cm. Wie groß ist der Zuwachs in den zwei Jahren? Wie groß ist die Differenz?

Wachstum in zwei Jahren:

	Wachstum im ersten Jahr	Wachstum im zweiten Jahr	Insgesamt	Differenz
a)	siebzehn Zentimeter	vierzehn Komma drei Zentimeter	?	?
b)	zweiundzwanzig Komma sechs Zentimeter	achtzehn Komma zwei Zentimeter	?	?
c)	neunundzwanzig Komma drei Zentimeter	fünfzehn Komma acht Zentimeter	?	?

14 Lösungsvorschläge

a) Formen Sie 17 + 14 in (17 + 3) + 11 um, und Sie erhalten: 20 + 11 gleich 31. Anschließend addieren Sie dazu 0,3. Das Ergebnis lautet also: 31,3 cm. Beim Subtrahieren empfiehlt es sich diesmal nicht, nach einem Vielfachen von 10 Ausschau zu halten. Stattdessen rechnen Sie 17 minus 15 gleich 2. Hierzu addieren Sie die Differenz von 15 und 14,3, also 0,7. Das Ergebnis lautet demnach: 2,7 cm.

b) Addieren Sie 22 und 18 als 20 + (2 + 18) gleich 20 + 20 = 40. Danach geht es weiter mit 0,6 plus 0,2 gleich 0,8. Anschließend addieren Sie 40 und 0,8 und Sie erhalten als Ergebnis 40,8 cm. Zur Ermittlung der Differenz rechnen Sie 22 minus 18 gleich 4, und 0,6 minus 0,2 gleich 0,4. Das Ergebnis lautet: 4 + 0,4 = 4,4 cm.

c) Addieren Sie 29 und 15 als (29 + 1) + 14 = 44. Rechnen Sie danach 0,3 plus 0,8 gleich 1,1. Das Ergebnis lautet somit: 44 + 1,1 = 45,1 cm. Zur Ermittlung der Differenz rechnen Sie 29,3 minus 16 gleich 13,3 sowie 16 minus 15,8 gleich 0,2. Das Ergebnis lautet folglich: 13,3 + 0,2 = 13,5 cm.

Terme umformen:

		Insgesamt		Differenz
a)	17,0 + 14,3 ?	17 + 14 = **(17 + 3) + 11** = 31 31 + 0,3 = 31,3 cm	17,0 – 14,3 ?	17 – 15 = 2 15 – 14,3 = 0,7 cm 2 + 0,7 = 2,7 cm
b)	22,6 + 18,2 ?	22 + 18 = **20 + (2 + 18)** = 40 0,6 + 0,2 = 0,8 40 + 0,8 = 40,8 cm	22,6 – 18,2 ?	22 – 18 = 4 0,6 – 0,2 = 0,4 4 + 0,4 = 4,4 cm
c)	29,3 + 15,8 ?	29 + 15 = **(29 + 1) + 14** = 44 0,3 + 0,8 = 1,1 44 + 1,1 = 45,1 cm	29,3 – 15,8 ?	29,3 – 16 = 13,3 16 – 15,8 = 0,2 cm 13,3 + 0,2 = 13,5 cm

Aufgaben 15

■ Im Folgenden soll es um die Berechnung von Prozenten gehen: Sie haben einen alten Katalog vor sich liegen und wissen, dass sich die Preise mittlerweile verteuert haben.

a) Sie wollen einen Artikel kaufen, der ursprünglich 9,00 € kostete. Jetzt kostet er 10 Prozent mehr. Um wie viel Euro hat sich der Artikel verteuert? Wie viel kostet er jetzt?

b) Der gewünschte Artikel kostet 13,00 €. Die Teuerungsrate beträgt 8 Prozent. Um wie viel hat sich der Artikel verteuert? Wie hoch ist der jetzige Preis?

c) Der gewünschte Artikel kostete ursprünglich 3,50 €. Der Neupreis liegt um 6 Prozent darüber. Wie hoch ist der Aufpreis? Was kostet der Artikel jetzt?

Teuerungsrate:

	alter Preis	Preisaufschlag in %	Aufpreis in Euro	neuer Preis
a)	neun Euro	zehn Prozent	?	?
b)	dreizehn Euro	acht Prozent	?	?
c)	drei Euro fünfzig	sechs Prozent	?	?

15 Lösungsvorschläge

a) Der Preisaufschlag beträgt 10 Prozent, also 0,10 vom ursprünglichen Preis.
Dies bedeutet 0,10 · 9,00 € gleich 0,90 € (als Preisaufschlag für einen Artikel, der zuvor 9,00 € kostete). Der aktuelle Preis liegt damit bei 9,90 €.

b) Eine Preisaufschlag von 8 Prozent beträgt bei 13,00 € genau 0,08 · 13,00 €. Die 13,00 € können in 10,00 € + 3,00 € zerlegt werden.
Die Rechnung lautet damit:
(0,08 · 10,00 €) + (0,08 · 3,00 €).
Die Verteuerung errechnet sich aus:
0,80 € plus 0,24 € gleich 1,04 €.
Der Neupreis errechnet sich weiterhin aus: 13,00 € + 1,04 € = 14,04 €.

c) Bei 6 Prozent Preisaufschlag lautet die Rechnung: 3,50 € mal 0,06.
Die 3,50 € können weiter zerlegt werden in 3,00 € + 0,50 €.
Jetzt wird getrennt multipliziert und anschließend addiert:
0,06 · 3,00 € gleich 0,18 € (rechnen Sie 6 · 3 und verschieben Sie das Komma um zwei Stellen nach links) und 0,06 · 0,50 € gleich 0,03 €.
Der Aufpreis ergibt sich damit aus 0,18 € + 0,03 € = 0,21 €.
Der Neupreis indessen aus 3,50 € + 0,21 € = 3,71 €.
(Diese Rechnung ist etwas schwieriger, da man durch die Verschiebung des Kommas leicht den Überblick verliert.)

a) 0,10 · 9,00 € = **0,90 €** *Aufpreis*
9,00 € + 0,90 € = **9,90 €** *Neupreis*

b) 0,08 · 13,00 € = **0,08 · (10,00 € + 3,00 €)**
= (0,08 · 10,00 €) + (0,08 · 3,00 €)
= 0,80 € + 0,24 € = **1,04 €** *Aufpreis*
13,00 € + 1,04 € = **14,04 €** *Neupreis*

c) 0,06 · 3,50 € = **0,06 · (3,00 € + 0,50 €)**
= (0,06 · 3,00 €) + (0,06 · 0,50 €)
= 0,18 € + 0,03 € = **0,21 €** *Aufpreis*
3,50 € + 0,21 € = **3,71 €** *Neupreis*

Aufgaben 16

■ **Sie möchten ein neues Fernsehgerät kaufen, das im Angebot ist. Natürlich fragen Sie sich, wie viel Geld Sie sparen und wie tief Sie dabei in Ihre Tasche greifen müssen.**

a) Ein Fernsehgerät kostet 200,00 € abzüglich 10% Rabatt.
Wie viel sparen Sie?
Wie hoch ist der aktuelle Preis?

b) Ein anderes Angebot lautet 650,00 € minus 20%.
Wie hoch ist die Einsparung?
Wie viel kostet dieser Fernseher jetzt?

c) Ein weiteres Fernsehgerät kostet 480,00 € . Davon werden noch einmal $12\frac{1}{2}$% abgezogen.
Wie viel sparen Sie?
Wie hoch ist der aktuelle Preis?

Fernsehgeräte im Angebot:

	normaler Preis	Preisnachlass	Ersparnis	aktueller Preis
a)	zweihundert Euro	zehn Prozent	?	?
b)	sechshundertfünfzig Euro	zwanzig Prozent	?	?
c)	vierhundertachtzig Euro	zwölfeinhalb Prozent	?	?

16 Lösungsvorschläge

a) Die Einsparung beträgt 10 % von 200,00 €. Das bedeutet: 0,10 · 200,00 € = 20,00 €. Der ursprüngliche Preis von 200,00 € lautet abzüglich der Einsparung von 20,00 € also: 180,00 €.

b) Ihre Einsparung beträgt 0,20 · 650,00 € gleich 130,00 €. Auf 130,00 € kommen Sie, indem Sie 0,10 · 650,00 € gleich 65,00 € rechnen und diesen Betrag mit 2 multiplizieren.
Der aktuelle Preis beläuft sich, abzüglich der Einsparung von 130,00 €, also auf 520,00 €.
→ 650,00 € – 130,00 € = 520,00 €.

c) Die Rechnung lautet: 0,125 · 480,00 €. Versuchen Sie diese Aufgabe nicht auf direktem Wege zu lösen. Sobald Sie entdecken, dass $12\frac{1}{2}$ % auch 0,125 bzw. $\frac{1}{8}$ entspricht, wird die Aufgabe leichter. Die Einsparung beträgt demnach $\frac{1}{8}$ von 480,00 €, also 60,00 €. Der aktuelle Preis beläuft sich daher auf 480,00 € – 60,00 € gleich 420,00 €.

a) **0,10** · 200,00 € = **20,00 €** *Ersparnis*
200,00 € – 20,00 €
= **180,00 €** *aktueller Preis*

b) **0,20** · 650,00 € = **2 · (0,10** · 650,00 €)
= 2 · 65,00 €
= **130,00 €** *Ersparnis*
650,00 € – 130,00 €
= **520,00 €** *aktueller Preis*

c) **0,125** · 480,00 € = $\frac{1}{8}$ · 480,00 €
= **60,00 €** *Ersparnis*
480,00 € – 60,00 €
= **420,00 €** *aktueller Preis*

Aufgaben 17

■ **Bei diesen Aufgaben geht es um den prozentualen Anteil der Wohnungsmiete am monatlichen Einkommen.**

a) Ihre Freundin muss 300,00 € für die Wohnungsmiete berappen; dies sind 25 % ihres Monatseinkommens.
Wie hoch ist demnach ihr monatliches Einkommen?
Wie hoch ihr Jahreseinkommen?

b) Ihr Freund gibt 250,00 € für die Miete aus; das sind genau $33\frac{1}{3}$ % von dem, was er im Monat verdient.
Wie viel verdient er im Monat? Wie viel verdient er demzufolge im Jahr?

Monatseinkommen und Wohnungsmiete:

	monatliche Miete	Anteil am monatlichen Einkommen in %	monatliches Einkommen	Jahreseinkommen
a)	dreihundert Euro	fünfundzwanzig Prozent	?	?
b)	zweihundertfünfzig Euro	dreiunddreißig ein Drittel Prozent	?	?

17 Lösungsvorschläge

a) Ihre Freundin wendet 25%, sprich $\frac{1}{4}$ ihres Einkommens für die Wohnungsmiete auf. Multiplizieren Sie 300,00 € mit 4 und Sie erhalten daraufhin den Betrag des monatlichen Einkommens von 1 200,00 €. Für die Ermittlung des Jahreseinkommens gehen Sie am besten so vor: 12 · 1 200,00 € = (10 + 2) · 1 200,00 € = 12 000,00 € + 2 400,00 € = 14 400,00 €. (Oder Sie multiplizieren 12 · 12 = 144 und hängen zwei Nullen an.)

b) Die Miete von 250,00 € ist gleichzusetzen mit $33\frac{1}{3}$ % des monatlichen Einkommens.
Der Verdienst muss demnach 3 mal 250,00 €, also 750,00 € im Monat betragen. Das Jahreseinkommen berechnet sich aus 750,00 € mal 12, also 9 000,00 €.
(Einfach gerechnet: 0,75 entspricht $\frac{3}{4}$, und $\frac{3}{4}$ von 12 gleich 9. Was dann noch fehlt, ist die richtige Anzahl der Nullen.)

a) $25\ \% = \frac{1}{4}$

4 · 300,00 € = 1 200,00 € *monatliches Einkommen*

12 · 1 200,00 € = (10 + 2) · 1 200,00 €
= (10 · 1200,00 €) + (2 · 1 200,00 €)
= 12 000,00 € + 2400,00 €
= 14 400,00 € *Jahreseinkommen*

b) $33\frac{1}{3}\ \% = \frac{1}{3}$

3 · 250,00 € = 750,00 € *monatliches Einkommen*

12 · 750,00 € = (12 · $\frac{3}{4}$) · 1 000,00 €
= 9 · 1 000,00 €
= 9 000,00 € *Jahreseinkommen*

Aufgaben 18

Sie wollen im Supermarkt etwas Obst kaufen und fragen sich, ob Sie genügend Geld bei sich haben.

a) 1 Pfund Weintrauben kostet 3,90 €. Wie viel kostet demnach ein halbes Pfund?

b) Sie möchten $1\frac{1}{2}$ Pfund Orangen kaufen, das Pfund zu 2,50 €. Wie hoch ist der Preis?

c) 1 Pfund Pfirsiche kostet 2,70 €. Wie teuer sind demnach $2\frac{2}{3}$ Pfund?

Was kostet das Obst?

	Gewicht	Preise pro Pfund	Preis
a)	ein halbes Pfund Weintrauben	drei Euro neunzig	?
b)	eineinhalb Pfund Orangen	zwei Euro fünfzig	?
c)	zwei zwei Drittel Pfund Pfirsiche	zwei Euro siebzig	?

18 Lösungsvorschläge

a) Wandeln Sie 3,90 € um in: 4,00 € – 0,10 €. Halbieren Sie anschließend beide Beträge: 2,00 € – 0,05 € = 1,95 €.

b) $1\frac{1}{2}$ entspricht $1 + \frac{1}{2}$, was wiederum gleichzusetzen ist mit $\frac{2}{2} + \frac{1}{2}$ bzw. $\frac{3}{2}$. Daher müssen Sie bei der Aufgabe den Preis von 2,50 € zunächst mit 3 multiplizieren und anschließend durch 2 dividieren.
Einfacher noch wird es, wenn Sie zuerst dividieren: 2,50 € : 2 = 1,25 € und danach erst multiplizieren: 3 · 1,25 € = 3,75 €.

c) Wandeln Sie zuerst $2\frac{2}{3}$ in $\frac{8}{3}$ um, und zwar folgendermaßen: $2\frac{2}{3} = 2 + \frac{2}{3}$ gleich $\frac{6}{3} + \frac{2}{3} = \frac{8}{3}$.
Beim nächsten Schritt dividieren Sie 2,70 € durch 3 und multiplizieren das Ergebnis anschließend mit 8 ⇒ 2,70 € : 3 = 0,90 € und 0,90 € · 8 = 7,20 €.
Wem die letzte Multiplikation zu schwer fällt, dem steht folgender Weg offen: 8 · 0,90 € gleich 8 · (1,00 € – 0,10 €). Daraus wird 8,00 € – 0,80 € gleich 7,20 €.

a) $$\frac{1}{2} \cdot 3{,}90\ € = \frac{3{,}90\ €}{2} = \frac{4{,}00\ € - 0{,}10\ €}{2} = 2{,}00\ € - 0{,}05\ € = 1{,}95\ €$$

b) $$1\frac{1}{2} \cdot 2{,}50\ € = \frac{3}{2} \cdot 2{,}50\ € = 3 \cdot \frac{2{,}50\ €}{2} = 3 \cdot 1{,}25\ € = 3{,}75\ €$$

c) $$2\frac{2}{3} \cdot 2{,}70\ € = \frac{8}{3} \cdot 2{,}70\ € = 8 \cdot \frac{2{,}70\ €}{3} = 8 \cdot 0{,}90\ € = 7{,}20\ €$$

Aufgaben 19

Sie wollen ein Paar Schuhe im Angebot kaufen. Wie viel Prozent sparen Sie bei dem Kauf?

a) Ein Paar Schuhe, das normalerweise 30,00 € kostet, wird für 20,00 € angeboten.
Wie viel Prozent sparen Sie?

b) Der ursprüngliche Preis eines Paares Schuhe lag bei 40,00 €; jetzt kosten sie nur noch 34,00 €.
Wie viel Prozent sparen Sie?

c) Normalerweise kostet das Paar Schuhe 27,00 €; im Angebot dagegen 24,00 €. Wie viel Prozent sparen Sie?

d) Die Schuhe, die jetzt 30,00 € kosten, wurden früher für 48,00 € angeboten. Wie viel Prozent sparen Sie?

Schuhkauf:

	alter Preis	neuer Preis	Einsparung in %
a)	dreißig Euro	zwanzig Euro	?
b)	vierzig Euro	vierunddreißig Euro	?
c)	siebenundzwanzig Euro	vierundzwanzig Euro	?
d)	achtundvierzig Euro	dreißig Euro	?

19 Lösungsvorschläge

a) Sie sparen 10,00 €, das ist die Differenz zwischen dem alten und dem neuen Preis. Diese beträgt $\frac{10}{30}$ also $\frac{1}{3}$ oder auch $33\frac{1}{3}$ % des ursprünglichen Preises.

b) Bei diesem Paar Schuhe sparen Sie 6,00 €, das heißt, $\frac{6}{40}$ oder $\frac{3}{20}$ des Normalpreises. Um die Ersparnis in Prozent zu berechnen, gehen Sie so vor: Sie dividieren 3 durch 2 und erhalten 1,5. Wenn Sie dann noch einmal diesen Betrag durch 10 teilen, bekommen Sie als Ergebnis 0,15, also 15 %.

c) Die 3,00 €, die Sie diesmal sparen, entsprechen $\frac{3}{27}$ oder auch $\frac{1}{9}$ des Normalpreises.
Da die Dezimalscheribweise von $\frac{1}{9}$ gleich 0,111… ist, liegt die Einsparung bei ca. 11,1 %.

d) Die 18,00 €, die Sie bei einem 48,00 € teuren Paar Schuhe einsparen, entsprechen $\frac{18}{48}$ des Normalpreises.
Mit 6 gekürzt, lautet dieser Bruch: $\frac{3}{8}$.
Die Dezimalschreibweise von $\frac{3}{8}$ ist $3 \cdot 0{,}125$, also 0,375. Das Ergebnis lautet somit: 37,5 %.

a) 30,00 € – 20,00 € = 10,00 € *Ersparnis in €*

$$\frac{10{,}00\ €}{30{,}00\ €} = \frac{1}{3} = 33\frac{1}{3}\ \%$$ *Ersparnis in %*

b) 40,00 € – 34,00 € = 6,00 € *Ersparnis in €*

$$\frac{6{,}00\ €}{40{,}00\ €} = \frac{3}{20} = 15\ \%$$ *Ersparnis in %*

c) 27,00 € – 24,00 € = 3,00 € *Ersparnis in €*

$$\frac{3{,}00\ €}{27{,}00\ €} = \frac{1}{9} \approx 11{,}1\ \%$$ *Ersparnis in %*

d) 48,00 € – 30,00 € = 18,00 € *Ersparnis in €*

$$\frac{18{,}00\ €}{48{,}00\ €} = \frac{3}{8} = 37{,}5\ \%$$ *Ersparnis in %*

Aufgaben 20

■ **Sie sitzen in einem amerikanischen Restaurant und wollen dem Kellner das landesübliche Trinkgeld von 15 % zurücklassen.**

a) Die Rechnung beträgt 8,90 $. Wie hoch ist das Trinkgeld für den Kellner?

b) Sie müssen 26,25 $ bezahlen. Wie hoch fällt das Trinkgeld diesmal aus?

c) Die Rechnung beläuft sich auf 13,77 $. Wie viel sind 15 % davon?

d) Ihr Essen kostet alles in allem 37,48 $. Ihr Trinkgeld beträgt somit wie viel?

Wie viel Trinkgeld?

	Die Rechnung beträgt:	Ihr Trinkgeld in $
a)	acht Dollar neunzig	?
b)	sechsundzwanzig Dollar fünfundzwanzig	?
c)	dreizehn Dollar siebenundsiebzig	?
d)	siebenunddreißig Dollar achtundvierzig	?

20 Lösungsvorschläge

❑ **Sie sparen sich einiges Kopfzerbrechen, wenn Sie bei den folgenden Aufgaben auf- oder abrunden; das Ergebnis kann sich damit trotzdem sehen lassen. Sie kommen auf die erforderlichen 15 %, indem Sie zunächst von 10 % ausgehen, den ermittelten Betrag halbieren und dann beide Beträge addieren.**

a) Aus 8,90 \$ werden 9,00 \$, 10 % davon sind 0,90 \$. Die Hälfte von 0,90 \$ sind 0,45 \$. Beide Beträge addiert, ergeben 1,35 \$. Und schon haben Sie die Höhe des gewünschten Trinkgeldes.

b) Aus 26,25 \$ werden durch Abrunden 26,00 \$.
10 % von 26,00 \$ sind 2,60 \$, davon die Hälfte wiederum 1,30 \$. Das Trinkgeld sollte demnach 2,60 \$ + 1,30 \$ gleich 3,90 \$ betragen, also rund 4,00 \$.

c) 13,77 \$ werden aufgerundet zu 14,00 \$. 10 % von 14,00 \$ ergeben den Betrag von 1,40 \$. Davon wiederum die Hälfte: 0,70 \$. Beide Beträge addiert, ergeben ein Trinkgeld von 1,40 \$ + 0,70 \$ gleich 2,10 \$.

d) 37,48 \$ werden gerundet zu 37,00 \$. 10 % davon sind 3,70 \$.
Die Hälfte von 3,70 \$ errechnet sich aus $\frac{1}{2} \cdot (4{,}00\ \$ - 0{,}30\ \$)$, also 2,00 \$ – 0,15 \$ = 1,85 \$. Die beiden Beträge, 3,70 \$ und 1,85 \$, werden zum Schluss addiert:
(3,70 \$ + 2,00 \$) – 0,15 \$ = 5,55 \$.

a)	8,90 \$	(*gerundet:* **9,00 \$**) ▷	**0,10 · 9,00 \$**	= 0,90 \$
			0,90 \$: 2	= 0,45 \$
				1,35 \$
b)	26,25 \$	(*gerundet:* **26,00 \$**) ▷	**0,10 · 26,00 \$**	= 2,60 \$
			2,60 \$: 2	= 1,30 \$
				3,90 \$
c)	13,77 \$	(*gerundet:* **14,00 \$**) ▷	**0,10 · 14,00 \$**	= 1,40 \$
			1,40 \$: 2	= 0,70 \$
				2,10 \$
d)	37,48 \$	(*gerundet:* **37,00 \$**) ▷	**0,10 · 37,00 \$**	= 3,70 \$
			3,70 \$: 2	= 1,85 \$
				5,55 \$

Anmerkung: *Natürlich sollten Sie die endgültigen Beträge entsprechend auf- bzw. abrunden. Ein solch „krummer" Betrag wie 5,55 \$ mutet als Trinkgeld doch etwas seltsam an …*

Aufgaben 21

■ **Sie sind neu in der Firma. Schon am ersten Tag machen Sie ausfindig, dass außer Ihnen noch weitere Mitarbeiter eingestellt wurden. Außerdem erfahren Sie den Prozentsatz der Neuangestellten. Jetzt sind Sie neugierig, wie viele Mitarbeiter die gesamte Belegschaft der Firma umfasst.**

a) Sie eingerechnet wurden 33 neue Mitarbeiter eingestellt, was 10 % der gesamten Belegschaft ausmacht. Wie viele Mitarbeiter hatte die Firma ursprünglich? Wie viele Mitarbeiter sind es jetzt?

b) Mit Ihnen fanden 12 Mitarbeiter einen neuen Arbeitsplatz, was einen Anstieg der Belegschaft um 15 % ausmacht.
Wie viele Mitarbeiter umfasste die ursprüngliche Belegschaft?
Wie viele Mitarbeiter sind es jetzt?

c) Sie sind einer von 140 neuen Mitarbeitern; das sind $12\frac{1}{2}$ % der Belegschaft.
Wie viele Mitarbeiter hatte die Firma anfänglich? Wie viele sind es jetzt?

Die Größe Ihrer neuen Firma:

	Anzahl der neuen Mitarbeiter	Zuwachs in %	ursprüngliche Anzahl der Mitarbeiter	Gesamthöhe der Belegschaft
a)	dreiunddreißig	zehn	?	?
b)	zwölf	fünfzehn	?	?
c)	einhundertundvierzig	zwölfeinhalb	?	?

21 Lösungsvorschläge

a) Die 33 neuen Mitarbeiter bilden 10 %, also $\frac{1}{10}$ der Belegschaft. Aus diesem Grund muss die ursprüngliche Belegschaft 10 · 33 gleich 330 Mitarbeiter betragen haben (alternativ dazu können Sie 33 durch 0,1 teilen). Der Mitarbeiterstamm ist damit um 33 Mitarbeiter von 330 auf 363 Mitarbeiter angewachsen.

b) Zwölf neue Mitarbeiter bilden 15 % der ursprünglichen Belegschaft. Um dieses herauszufinden, dividieren Sie 12 durch 0,15. (Am besten kürzen Sie dazu beide Zahlen mit 3; damit wird aus $\frac{12}{15}$ umgehend $\frac{4}{5}$ bzw. 0,8.) Nach dem Verschieben des Kommas erhalten Sie die Zahl 80. (Dieser Schritt erspart Ihnen die Mühe 12 durch 0,15 zu teilen.) Da die alte Belegschaft um 12 Mitarbeiter angewachsen ist, umfasst sie nun insgesamt 92 Mitarbeiter.

c) Die 140 neuen Mitarbeiter bilden $12\frac{1}{2}$ % (= $\frac{1}{8}$) der alten Belegschaft. Diese muss ursprünglich 140 mal 8 Mitarbeiter betragen haben. Bei der Berechnung dieses Produktes gehen Sie folgendermaßen vor: (100 + 40) · 8 gleich (8 · 100) + (8 · 40) oder 800 + 320 = 1120. Die neue Mannschaft ist um 140 Mann stärker als die alte und umfasst jetzt 1260 Mitarbeiter.

a)

$$\mathbf{33 : 0{,}1} = 33 \cdot 10$$
$$= \mathbf{330} \quad \textit{ursprüngliche Belegschaft}$$
$$330 + 33 = \mathbf{363} \quad \textit{neue Belegschaft}$$

b)

$$\mathbf{12 : 0{,}15} = \mathbf{\tfrac{12}{15} \cdot 100} = \tfrac{4}{5} \cdot 100$$
$$= \mathbf{80} \quad \textit{ursprüngliche Belegschaft}$$
$$80 + 12 = \mathbf{92} \quad \textit{neue Belegschaft}$$

c)

$$\mathbf{140 : 0{,}125} = \mathbf{140 \cdot 8} = 8 \cdot (100 + 40)$$
$$= (8 \cdot 100) + (8 \cdot 40)$$
$$= 800 + 320$$
$$= \mathbf{1120} \quad \textit{ursprüngliche Belegschaft}$$
$$1120 + 140 = \mathbf{1260} \quad \textit{neue Belegschaft}$$

Aufgaben 22

Sie sind dabei einen Job anzunehmen und fragen sich, was dabei für Sie an Lohn herausspringt.

a) Die Arbeitzeit beträgt 3 Stunden, und der Verdienst 7,50 € pro Stunde. Wie viel verdienen Sie insgesamt?

b) Wie viel verdienen Sie in 6 Stunden bei einem Arbeitslohn von 8,25 € pro Stunde?

c) Und wie viel verdienen Sie in 11 Stunden bei einem Lohn von 15,50 € pro Stunde?

d) Wie hoch ist Ihr Verdienst bei einem Stundenlohn von 12,20 € und einer Arbeitszeit von 15 Stunden?

Verdienst:

	Arbeitszeit	Stundenlohn	Verdienst
a)	drei Stunden	sieben Euro fünfzig	?
b)	sechs Stunden	acht Euro fünfundzwanzig	?
c)	elf Stunden	fünfzehn Euro fünfzig	?
d)	fünfzehn Stunden	zwölf Euro zwanzig	?

22 Lösungsvorschläge

a) Zerlegen Sie 7,50 € in 7,00 € + 0,50 € und multiplizieren Sie anschließend beide Summanden mit 3:
3 · (7,00 € + 0,50 €) =
(3 · 7,00 €) + (3 · 0,50 €).
Der Verdienst beläuft sich demnach auf 21,00 € + 1,50 € gleich 22,50 €.

b) Aus 8,25 € wird: 8,00 € + 0,25 €. Multiplizieren Sie dann den Term mit sechs: 6 · (8,00 € + 0,25 €) =
(6 · 8,00 €) + (6 · 0,25 €).
Da 6 · 8,00 € gleich 48,00 €, und 6 · 0,25 € gleich 1,50 €, lautet das Ergebnis: 48,00 € + 1,50 € = 49,50 €.

c) Aus 11 mal 15,50 € wird
(10 + 1) · 15,50 €. Daraus ergibt sich: (10 · 15,50 €) + (1 · 15,50 €).
Der Verdienst liegt damit bei 155,00 € + 15,50 € gleich 170,50 €.

d) Multiplikationen mit dem Faktor 15 sind einfach, wenn man zuerst mit 10 multipliziert, das Ergebnis dann durch zwei teilt und abschließend beide Beträge addiert: 15 · 12,20 € wird zerlegt in: (10 · 12,20 €) + (5 · 12,20 €).
Daraus folgt: 122,00 € + ($\frac{1}{2}$ · 122,00 €) = 122,00 € + 61,00 €. Demnach beträgt Ihr Verdienst 183,00 €.

a)
$$\begin{aligned} 3 \cdot 7{,}50\,€ &= \mathbf{3 \cdot (7{,}00\,€ + 0{,}50\,€)} \\ &= (3 \cdot 7{,}00\,€) + (3 \cdot 0{,}50\,€) \\ &= 21{,}00\,€ + 1{,}50\,€ = \mathbf{22{,}50\,€} \end{aligned}$$

b)
$$\begin{aligned} 6 \cdot 8{,}25\,€ &= \mathbf{6 \cdot (8{,}00\,€ + 0{,}25\,€)} \\ &= (6 \cdot 8{,}00\,€) + (6 \cdot 0{,}25\,€) \\ &= 48{,}00\,€ + 1{,}50\,€ = \mathbf{49{,}50\,€} \end{aligned}$$

c)
$$\begin{aligned} 11 \cdot 15{,}50\,€ &= \mathbf{(10 + 1) \cdot 15{,}50\,€} \\ &= (10 \cdot 15{,}50\,€) + (1 \cdot 15{,}50\,€) \\ &= 155{,}00\,€ + 15{,}50\,€ = \mathbf{170{,}50\,€} \end{aligned}$$

d)
$$\begin{aligned} 15 \cdot 12{,}20\,€ &= \mathbf{(10 + 5) \cdot 12{,}20\,€} \\ &= (10 \cdot 12{,}20\,€) + \tfrac{1}{2} \cdot (10 \cdot 12{,}20\,€) \\ &= 122{,}00\,€ + (\tfrac{1}{2} \cdot 122{,}00\,€) \\ &= 122{,}00\,€ + 61{,}00\,€ = \mathbf{183{,}00\,€} \end{aligned}$$

Aufgaben 23

■ **Ihre Bank räumt Ihnen einen Kredit über eine bestimmte Summe ein. Sie wollen die Höhe der anfallenden Zinsen berechnen, und zwar ohne Tilgung. Die Laufzeit des Kredits ist unterschiedlich.**

a) Der Kredit beträgt 3 500,00 €; der Zinssatz liegt bei 8 % und die Laufzeit beträgt 2 Jahre.
Wie hoch sind die anfallenden Zinsen in diesem Fall?

b) Der Kredit beträgt 600,00 €, der Zinssatz liegt bei $5\frac{1}{2}$ %, die Laufzeit beträgt 3 Jahre.
Wie hoch sind die Zinsen bei diesen Konditionen?

Wie hoch ist Ihre Zinsbelastung?

	Kreditsumme	Zinssatz	Laufzeit	fällige Zinsen
a)	dreitausendfünfhundert Euro	**acht Prozent**	2	?
b)	sechshundert Euro	**fünfeinhalb Prozent**	3	?

23 Lösungsvorschläge

a) **1.** Zerlegen Sie 3 500,00 € in 3 000,00 € und 500,00 € und multiplizieren Sie beide Zahlen mit 0,08 (= 8 %). → 0,08 · 3000,00 € Verschieben Sie bei 0,008 das Komma um zwei Stellen nach rechts und im Gegenzug dazu bei 3000,00 um zwei Stellen nach links und Sie erhalten 8 · 30,00 € = 240,00 €.
Aus 0,08 · 500,00 € wird 8 · 5,00 € = 40,00 €. Beide Produkte addiert, ergeben 240,00 € + 40,00 € = 280,00 €.
2. Dieser Betrag muss entsprechend der Laufzeit von 2 Jahren mit 2 multipliziert werden: 280,00 € · 2 = (200,00 € · 2) + (80,00 € · 2) = 400,00 € + 160,00 € = 560,00 €.

b) Multiplizieren Sie zunächst $5\frac{1}{2}$ % (bzw. 0,055) mit 600,00 € . Um diese Rechnung zu vereinfachen, zerlegen Sie 0,055 in 0,05 + 0,005 und multiplizieren beide Zahlen separat: (0,05 + 0,005) · 600,00 €.
Hieraus ergibt sich 0,05 · 600,00 € (oder 5 · 6,00 €) = 30,00 € sowie 0,005 · 600,00 € = 3,00 € (also $\frac{1}{10}$ von 30,00 €).
Beide Produkte addiert, ergeben: 30,00 € + 3,00 € gleich 33,00 €.
Die Zinsbelastung beträgt demnach 33,00 € pro Jahr, für 3 Jahre entsprechend dreimal so viel: 99,00 €.

a)
$$\begin{aligned}
0{,}08 \cdot 3500{,}00\,\text{€} &= \mathbf{0{,}08 \cdot (3000{,}00\,\text{€} + 500{,}00\,\text{€})}\\
&= (8 \cdot 30{,}00\,\text{€}) + (8 \cdot 5{,}00\,\text{€})\\
&= 240{,}00\,\text{€} + 40{,}00\,\text{€}\\
&= \mathbf{280{,}00\,\text{€}} \quad \textit{(für ein Jahr)}\\
280{,}00\,\text{€} \cdot 2 &= \mathbf{2 \cdot (200{,}00\,\text{€} + 80{,}00\,\text{€})}\\
&= (2 \cdot 200{,}00\,\text{€}) + (2 \cdot 80{,}00\,\text{€})\\
&= 400{,}00\,\text{€} + 160{,}00\,\text{€}\\
&= \mathbf{560{,}00\,\text{€}} \quad \textit{(für zwei Jahre)}
\end{aligned}$$

b)
$$\begin{aligned}
0{,}055 \cdot 600{,}00\,\text{€} &= \mathbf{(0{,}05 + 0{,}005) \cdot 600{,}00\,\text{€}}\\
&= (5 \cdot 6{,}00\,\text{€}) + (0{,}5 \cdot 6{,}00\,\text{€})\\
&= 30{,}00\,\text{€} + 3{,}00\,\text{€}\\
&= \mathbf{33{,}00\,\text{€}} \quad \textit{(für ein Jahr)}\\
33{,}00\,\text{€} \cdot 3 &= \mathbf{99{,}00\,\text{€}} \quad \textit{(für drei Jahre)}
\end{aligned}$$

Aufgaben 24

■ **Sie wollen die Größe Ihres Grundstücks berechnen.**

a) Ihr Haus misst 11 mal 13 Meter. Wie viele Quadratmeter ergeben sich daraus?

b) Die Fläche Ihres Gartens ist 17 mal 17 Meter groß. Wie viel Quadratmeter sind das?

c) Die Fläche Ihres Vorgartens misst $12\frac{1}{2}$ mal 14 Meter. Wie viele Quadratmeter sind das?

Grundstücksfläche:

	Maße der Teilflächen	**Quadrat-meter**
a)	elf mal dreizehn Meter	?
b)	siebzehn mal siebzehn Meter	?
c)	zwölfeinhalb mal vierzehn Meter	?

24 Lösungsvorschläge

a) Bei dieser Aufgabe gibt es zwei verschiedene Wege:

1: Aus 11 wird 10 + 1. Beide Summanden mit 13 multipliziert, liefern folgenden Term: (10 · 13) + (1 · 13). Daraus ergibt sich die Rechnung: 130 + 13 = 143 Quadratmeter.

2: Erinnern Sie sich an die dritte binomische Formel $(a - 1) \cdot (a + 1) = a^2 - 1$? Wenn a = 12, wird aus der Aufgabe $11 \cdot 13 = 12^2 - 1$, also 144 – 1 = 143 Quadratmeter.

b) Hier gilt die erste binomische Formel: $(a + b)^2 = a^2 + 2ab + b^2$. Wenn a = 10 und b = 7, gilt: $(10 + 7)^2 = 10^2 + (2 \cdot 10 \cdot 7) + 7^2$. Daraus folgt: 100 + 140 + 49; es sind also insgesamt 289 Quadratmeter. Wenn Sie dagegen mit a = 20 und b = –3 rechnen, ergibt sich aus dem ursprünglichen Produkt 17 · 17 folgende Rechnung: $(20 - 3) \cdot (20 - 3) = 20^2 - (2 \cdot 20 \cdot 3) + 3^2 = 400 - 120 + 9$. Die Gesamtfläche beträgt demnach 289 Quadratmeter.

c) Aus $12\frac{1}{2}$ wird zunächst $(10 + 2 + \frac{1}{2})$. Mit 14 multipliziert, lautet die Rechnung: $(10 \cdot 14) + (2 \cdot 14) + (\frac{1}{2} \cdot 14)$ oder 140 + 28 + 7 = 175 Quadratmeter.

Ein anderer Weg: $12\frac{1}{2}$ entspricht 100 · 0,125 oder auch $100 \cdot \frac{1}{8}$. Wird die 14 infolgedessen durch 8 geteilt, erhalten Sie $\frac{14}{8} = \frac{7}{4}$ gleich 1,75. Wird abschließend mit 100 multipliziert, kommt man zum gleichen Ergebnis wie oben: 100 · 1,75 = 175 Quadratmeter.

a)
$$11 \cdot 13 = \mathbf{(10 + 1) \cdot 13} = 130 + 13 = \mathbf{143}\ \textit{Quadratmeter}$$
$$\text{oder } 11 \cdot 13 = \mathbf{(12 - 1) \cdot (12 + 1)} = 12^2 - 1 = 144 - 1 = \mathbf{143}\ \textit{Quadratmeter}$$

b)
$$17 \cdot 17 = \mathbf{(10 + 7) \cdot (10 + 7)} = 10^2 + (2 \cdot 10 \cdot 7) + 7^2$$
$$= 100 + 140 + 49 = \mathbf{289}\ \textit{Quadratmeter}$$
$$\text{oder } 17 \cdot 17 = \mathbf{(20 - 3) \cdot (20 - 3)} = 20^2 - (2 \cdot 20 \cdot 3) + 3^2$$
$$= 400 - 120 + 9 = \mathbf{289}\ \textit{Quadratmeter}$$

c)
$$12\tfrac{1}{2} \cdot 14 = \mathbf{14 \cdot (10 + 2 + \tfrac{1}{2})} = (14 \cdot 10) + (14 \cdot 2) + (14 \cdot \tfrac{1}{2})$$
$$= 140 + 28 + 7 = \mathbf{175}\ \textit{Quadratmeter}$$
$$\text{oder } 12\tfrac{1}{2} \cdot 14 = \mathbf{(0{,}125 \cdot 100) \cdot 14} = (\tfrac{1}{8} \cdot 14) \cdot 100 = \tfrac{14}{8} \cdot 100$$
$$= \tfrac{7}{4} \cdot 100 = 1{,}75 \cdot 100 = \mathbf{175}\ \textit{Quadratmeter}$$

Aufgaben 25

■ **Sie planen einen Besuch bei Freunden, die 100 km weit entfernt wohnen. Die Gesamtstrecke (hin und zurück) beträgt dementsprechend 200 km. Sie müssen sich nicht sonderlich beeilen und planen, möglichst energiesparend zu fahren. Bei der Berechnung der reinen Fahrtzeit legen Sie unterschiedliche Geschwindigkeiten zu Grunde.**

a) Wie lange werden Sie für die Strecke brauchen, wenn Sie im Schnitt 100 Kilometer pro Stunde fahren?

b) Wie lange sind Sie unterwegs, falls Sie um 20 % langsamer als ursprünglich geplant fahren?

c) Wie sieht es mit Ihrer Fahrtzeit aus, falls Sie um 10 % schneller ursprünglich angenommenen fahren?

Fahrtzeit bei 200 Kilometern:

	durchschnittliche Geschwindigkeit	Fahrzeit
a)	hundert Kilometer pro Stunde	?
b)	zwanzig Prozent langsamer	?
c)	zehn Prozent schneller	?

25 Lösungsvorschläge

a) Die reine Fahrtzeit beträgt 2 Stunden. Zu diesem Ergebnis kommen Sie, wenn Sie 200 km durch 100 km/h teilen ($\frac{200\text{ km}}{100\text{ km/h}} = 2\text{ h}$).

b) Wenn Sie um 20 % langsamer fahren, beträgt Ihre durchschnittliche Geschwindigkeit 80 Kilometer pro Stunde. 20 % von 100 km/h (bzw. 0,2 · 100 km/h oder auch: $\frac{1}{5}$ von 100 km/h) sind 20 km/h. Die neue Geschwindigkeit beträgt also
100 km/h – 20 km/h = 80 km/h.
Die neue Fahrtzeit errechnet sich aus 200 km geteilt durch 80 km/h:
$\frac{200\text{ km}}{80\text{ km/h}} = \frac{5}{2\text{ h}} = 2\frac{1}{2}\text{h}$
bzw. 2,5 Stunden.

c) Wird die Geschwindigkeit von 100 km/h um 10 % erhöht, bedeutet dies einen Anstieg um 10 km/h auf nunmehr 110 km/h. Teilen Sie im nächsten Schritt Strecke durch Geschwindigkeit, um die Fahrzeit zu ermitteln: $\frac{200\text{ km}}{110\text{ km/h}}$.
Wenn Sie Zähler und Nenner durch 10 teilen, erhalten Sie als gekürzten Bruch $\frac{20}{11}$ bzw. $20 \cdot \frac{1}{11}$.
$\frac{1}{11}$ als Dezimalzahl ausgedrückt, liefert die Zahl 0,0909…
Der Bruch $\frac{2}{11}$ ergibt folgende Dezimalbruchentwicklung: 0,1818…
Da der ursprüngliche Bruch jedoch $\frac{20}{11}$ lautete (und nicht $\frac{2}{11}$), müssen Sie diese Dezimalzahl (0,1818…) mit 10 multiplizieren. Sie erhalten 1,818…
– aufgerundet also ca. 1,82 Stunden.

a) **200 km : 100 km/h** = 2 h

b) **100 km/h – (0,2 · 100 km/h)** = 100 km/h – 20 km/h = 80 km/h

200 km : 80 km/h = $\frac{200\text{ km}}{80\text{ km/h}} = \frac{5}{2}\text{h} = 2{,}5\text{ h}$

c) **100 km/h + (0,1 · 100 km/h)** = 100 km/h + 10 km/h= 110 km/h

200 km : 110 km/h = $\frac{200\text{ km}}{110\text{ km/h}} = 20 \cdot \frac{1}{11}\text{ h}$

$= 20 \cdot 0{,}\overline{09}\text{ h} = 1{,}\overline{81}\text{ h} \approx 1{,}82\text{ h}$

3. Grundlagen der Arithmetik

Zum Zählen brauchen wir 10 Ziffern ...

Die Arithmetik beginnt mit dem Zählen, wobei alle Zahlen aus nur 10 Symbolen, sprich Ziffern, bestehen: **0, 1, 2, 3, 4, 5, 6, 7, 8, 9** (ihrer Herkunft nach bezeichnen wir sie als arabische Ziffern; ursprünglich kommen sie aber vermutlich aus Indien).

Wir kommen deshalb mit nur 10 Ziffern aus, weil wir ein Stellenwertsystem besitzen, d.h. der Wert der einzelnen Ziffer wird von der Position, die sie innerhalb einer Zahl innehat, bestimmt.

Die Ziffer **3** besitzt in der Zahl **13** einen anderen Wert als in der Zahl **36**: In der **13** verkörpert sie **3 Einer**, in der **36** dagegen **3 Zehne**r. Und da in unserem Zahlensystem immer 10-er-weise gebündelt wird (1x10 = 10, 10x10 = 100 10x10x10 = 1 000 usw.), nennen wir es auch Dezimalsystem: Es benutzt 10 Ziffern und beruht auf der Basis 10.

Die Bezeichnungen für die Zahlen > 10 weisen in ihrem Wortlaut unmissverständlich auf die **Basis 10** hin: „drei-zehn", „vier-zehn" bis hin zu „zwan-zig" (= zwei mal zehn), „drei-ßig" (= drei mal zehn) usw. (Anm.: Auf die Bedeutung der Zahlworte 11 und 12 kann hier nicht näher eingegangen werden.)
Warum ausgerechnet 10? Ganz einfach: Weil wir 10 Finger zum Zählen und Rechnen haben.

Das Stellenwertsystem

Die Bedeutung der Ziffern-Position:

Gleiche Ziffer/unterschiedlicher Ziffernwert:

1(3)	**(3)6**
drei **Einer**	drei **Zehner**

Dezimalsystem mit der Zahl 10 als Basis:

(1)3	**(3)6**
ein Zehner	**drei** Zehner

... und können damit beliebig große Zahlen darstellen.

Unser Zahlensystem verwendet Einheiten unterschiedlicher Größe, um den exakten Wert einer Zahl wiederzugeben. Diese Einheiten basieren alle auf der Zahl 10. Zuerst kommen die Einer (1), dann die Zehner (10 · 1), die Hunderter (10 · 10), Tausender (10 · 10 · 10) usw., das heißt, wir haben es mit fortlaufenden Einheiten zu tun; genauer gesagt: Jede Einheit „zählt“ um zehn mal mehr als die vorangegangene.

Sehen wir uns dies an einem Zahlenbeispiel an: 274 ist die Summe aus zwei Hundertern, sieben Zehnern und vier Einern: (2 · 100) + (7 · 10) + (4 · 1). Wenn eine Einheit fehlt, wird diese durch eine Null ersetzt, die wie ein „Platzhalter“ fungiert.

Ohne diese Null könnten wir nicht zwischen **274** und **2 074** unterscheiden – die Zahl **2 074** besteht im Unterschied zu **274** aus zwei Tausendern plus null Hundertern plus sieben Zehnern plus vier Einern:
(2 · 1000) + (0 · 100) + (7 · 10) + (4 · 1).

Da dieses Schema für alle Zahlen zutrifft, können wir mit dem Stellenwertsystem, den fortlaufenden Einheiten und den zehn Ziffern jede beliebig große Zahl darstellen.

Das Zehnersystem und die Null

Die größer werdenden Einheiten:

Einer	1	1	$= 10^0$
Zehner	10	10 · 1	$= 10^1$
Hunderter	100	10 · 10	$= 10^2$
Tausender	1 000	10 · 10 · 10	$= 10^3$

Die Null als Platzhalter für fehlende Einheiten:

274	2 074	2 704	2 740
	↑ Null Hunderter	↑ Null Zehner	↑ Null Einer

Addieren und Subtrahieren heißt „schnell zählen“.

Unter **Addieren** verstehen wir das „Zusammenzählen“ von Zahlen – wir sprechen in diesem Zusammenhang von ganzen Zahlen und nicht von Brüchen, diese werden später behandelt. Bei der Addition „4 plus 3“ beispielsweise fragen Sie sich, zu welchem Ergebnis Sie wohl kommen, wenn Sie 4 Elemente und 3 Elemente zusammenfügen und anschließend zählen. Wenn Sie das Ergebnis bereits kennen – in unserem Fall ist es die Summe 7 – können Sie sich die Mühe des Abzählens sparen; haben Sie es dagegen wieder vergessen, zählen Sie erneut.

Ähnlich verhält es sich beim **Subtrahieren**. Bei der Subtraktion „7 minus 4“ fragen Sie sich, was wohl übrig bleibt, wenn Sie von 7 Elementen 4 Elemente wegnehmen. Sie finden es heraus, indem Sie den Rest einfach zählen. Wenn Sie die Differenz jedoch bereits kennen (weil Sie sie verinnerlicht haben), ersparen Sie sich, wie im Falle des Addierens, die Mühe des Zählens.

Die Addition 4 + 3 = 7 liefert zwei Subtraktionen, nämlich 7 – 4 = 3 und 7 – 3 = 4.

Die **Subtraktion** ist die **Umkehroperation der Addition**, also das Gegenteil davon. Sie können die Subtraktionsaufgabe 7 – 4 lösen, indem Sie sich fragen, welche Zahl Sie zu 4 addieren müssen, um zur Zahl 7 zu gelangen.

Schnelles Zählen

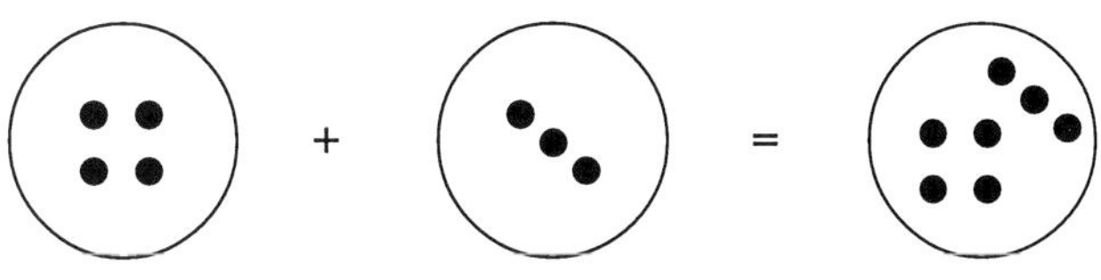

1, 2, 3, 4   1, 2, 3   1, 2, 3, 4, 5, 6, 7

4 + 3 = 7

Jede Addition liefert 2 Subtraktionen: **7 – 4 = 3**

7 – 3 = 4

Multiplikation bedeutet wiederholte Addition ...

Wenn Sie zwei ganze Zahlen miteinander multiplizieren, beispielsweise die 3 und die 2, dann fügen Sie 3 Gruppen mit je 2 Elementen zu einer einzigen Gruppe zusammen. Das Ergebnis einer Multiplikation wird als Produkt bezeichnet, in unserem Fall ist es die Zahl 6.

Gleichzeitig ist die 6 auch ein Vielfaches von 2 und 3. Multiplikation ist damit die wiederholte Addition, denn 3 · 2 ist nichts anderes als 2 + 2 + 2.

Mit dem Multiplizieren sparen wir eine Menge Zeit. Nicht so sehr bei kleinen Zahlen wie bei 3 · 2, aber stellen Sie sich nur vor, Sie müssten 46-mal die Zahl 57 untereinander schreiben und hinterher zusammenrechnen. Sie würden ganz schön lang brauchen und sich vermutlich auch verrechnen. (Sie können diese Aufgabe übrigens getrost schriftlich rechnen oder zum Taschenrechner greifen, denn im Kopf wäre sie doch ein wenig schwierig zu lösen.)

Da das Addieren mit schnellem Zählen zu tun hat und das Multiplizieren mit mehrfacher Addition, kommt das Multiplizieren einem sehr schnellen Zählen gleich. Versuchen Sie 46 · 57 tatsächlich als Additionsaufgabe zu lösen, indem Sie 46-mal hintereinander 57 + 57 + 57 + ... rechnen – Sie werden bald klein beigeben, und dies ganz zu Recht. (Man könnte den Spieß auch umdrehen, indem man 57-mal 46 addiert; davon wird gleich noch die Rede sein.)

Multiplikation als wiederholte Addition

3 · 2 = 2 + 2 + 2 = **6**

$$46 \cdot 57 = \left.\begin{array}{r} 57 \\ +\,57 \\ \dots \\ \dots \\ \dots \\ +\,57 \end{array}\right\} \text{46-mal}$$

$$\overline{\mathbf{2622}}$$

... und Division wiederholte Subtraktion.

Beim Dividieren wird eine große Menge in mehrere kleine Mengen zerlegt, die gleich groß sind.

Bei „6 geteilt durch 2“ bedeutet dies, dass eine Menge mit 6 Elementen in 2 Mengen mit je 3 Elementen aufgeteilt wird; 6 : 2 gleich 3, wobei die 3 als Quotient bezeichnet wird.

Anstatt zu dividieren, könnten Sie auch mehrfach subtrahieren. Wenn Sie die 2 so lange von 6 subtrahieren, bis nichts mehr übrig bleibt, werden Sie feststellen, dass Sie die 2 dreimal hintereinander subtrahiert haben.

Nehmen wir nun eine größere Zahl: Aus dem letzten Kapitel wissen wir, dass 46 · 57 = 2 622. Das bedeutet für den Fall der Subtraktion, dass Sie die 57 46-mal hintereinander von 2 622 subtrahieren können, bis Sie die Null erreichen. Sie können 57 nicht nur einzeln subtrahieren, sondern auch in Gruppen, wichtig ist nur, dass Sie gewissenhaft mitzählen.

So wie jede Addition zwei Subtraktionen liefert, lassen sich von jeder Multiplikation zwei Divisionen ableiten: 3 · 2 = 6 bedeutet auch 6 : 3 = 2 und 6 : 2 = 3. Und so wie die Subtraktion die Umkehroperation der Addition ist, so ist die Division die Umkehroperation der Multiplikation. Bei der Division „6 geteilt durch 2“ können Sie sich auch fragen: Welche Zahl mit 2 multipliziert ergibt die Zahl 6?

Division als wiederholte Subtraktion

$$6 : 2 \Rightarrow 6 \underbrace{- 2 - 2 - 2}_{\text{3-mal}} = 0$$

$$2622 : 57 \Rightarrow 2622 \left.\begin{array}{r} \\ -\ 57 \\ -\ 57 \\ \dots \\ \dots \\ -\ 57 \end{array}\right\} \text{46-mal}$$
$$= 0$$

Zählen Sie einfach, wenn Sie beim Rechnen stecken bleiben.

Es kann gut sein, dass Sie in Ihrer Kindheit ganze Reihen von Additions- und Subtraktionsaufgaben einfach auswendig lernten, gerade so wie das Einmaleins. Einzelne Aufgaben dürfen allerdings nicht isoliert betrachtet werden, und viele, die sich immer nur aufs auswendig Gelernte konzentrierten, haben die Wechselbeziehungen zwischen den einzelnen Aufgaben bestimmt schon vergessen.

Wenn Sie beispielsweise 9 · 7 mit 3 · 7 vergleichen, sehen Sie, dass 9 · 7 drei mal so groß ist wie 3 · 7. Oder Sie stellen fest, dass 4 + 5 das gleiche Ergebnis liefert wie 3 + 6.

Ebenso verhält es sich bei 6 · 2 und 4 · 3 usw.

Daraus folgt eine wichtige Erkenntnis: Wenn Sie beim Kopfrechnen stecken bleiben, können Sie die Zahlen solange umstellen, bis Sie einen Ausweg finden – oder Sie verlassen sich aufs reine Zählen.

Nehmen wir an, Sie haben vergessen wie das Ergebnis der Aufgabe 8 + 6 lautet. Keine Angst, anstelle von 8 + 6 können Sie auch mit 10 + 4 weiter rechnen, in dieser Anordnung fällt Ihnen das Ergebnis, nämlich 14, mit Sicherheit ein. („vier-zehn" heißt nämlich nichts anderes als 4 + 10). Oder denken Sie an den Zahlenstrahl, auf dem Sie „8 plus 6" auch als „10 plus 4" darstellen können, das Ergebnis ist jeweils 14 (siehe Beispiel rechts).

Das Addieren im Kopf wird leichter, wenn Sie sich an das **Umgruppieren** und **Neuordnen** von Zahlen gewöhnen, so lässt sich auch mit größeren Zahlen leichter umgehen, z.B. ist 100 + 40 viel leichter zu rechnen als 80 + 60.

Addieren und Neuordnen

8 + 6 =

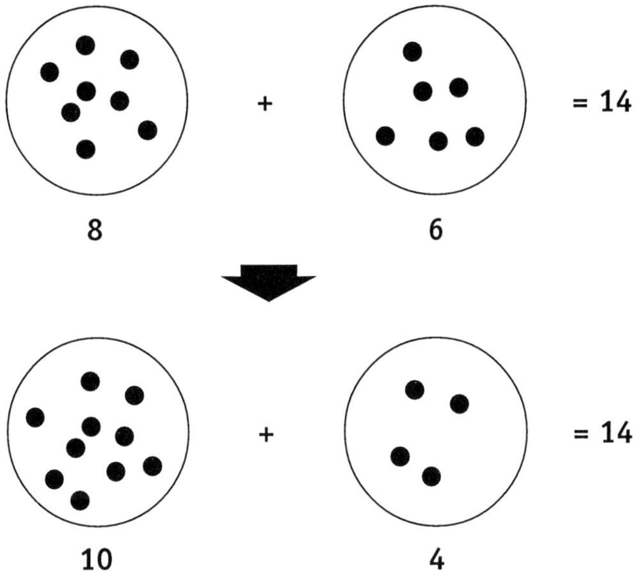

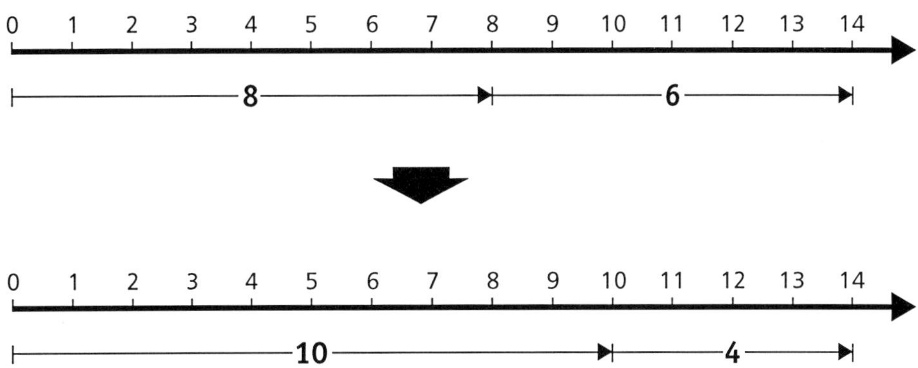

Es steht Ihnen frei, in welcher Reihenfolge Sie addieren oder multiplizieren ...

Zahlen können in beliebiger Reihenfolge addiert werden. Beim Addieren fassen Sie einzelne Gruppen zu einer großen Gruppe zusammen, um sie hinterher zu „zählen". Offensichtlich spielt die Reihenfolge dabei keine Rolle, denn das Endergebnis ist stets das gleiche.

In einem Zahlenbeispiel hieße dies: $3 + 6 = 6 + 3$. Das Gleiche gilt fürs Multiplizieren: $3 \cdot 6 = 6 \cdot 3$. Dies leuchtet ein, wenn Sie das eine Mal 3 Reihen mit je 6 Spalten bilden und das andere Mal 6 Reihen mit je 3 Spalten (siehe Beispiel unten). Sie sehen die gleiche Anzahl an Punkten, die einzige Abweichung liegt in der unterschiedlichen Anordnung, das eine Mal senkrecht, das andere Mal waagerecht.

Diese Wechselbeziehungen sind Beispiele für das **Kommutativgesetz** der Addition und Multiplikation. Dank dieser Zahlbeziehungen könnten wir sämtliche Rechentabellen eigentlich um die Hälfte reduzieren.

Bei der Subtraktion und der Division trifft dieses Gesetz allerdings nicht zu. $6 - 3$ ist nicht gleich $3 - 6$, genauso wie $6 : 3$ nicht $3 : 6$ entspricht.

Das Kommutativgesetz der Addition und Multiplikation

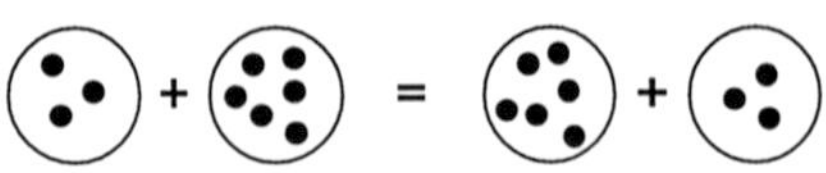

$$3 + 6 = 6 + 3$$

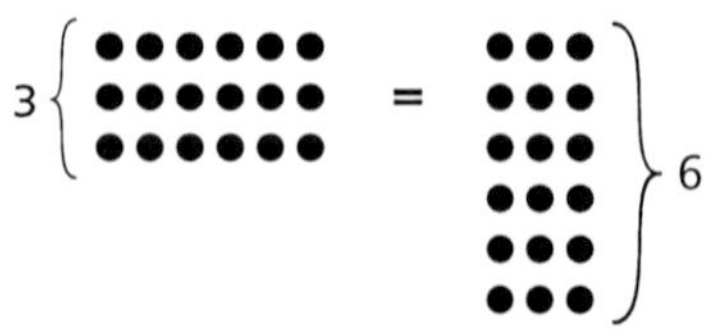

$$3 \cdot 6 = 6 \cdot 3$$

... und wie Sie die Zahlen gruppieren.

Werden mehrere Zahlen addiert, legen die Klammern die Reihenfolge der einzelnen Rechenschritte fest: $(46 + 37) + 4$ bedeutet, dass wir zuerst $46 + 37$ rechnen sollen, und dann erst die 4 addieren. Sie können die Klammern nach Belieben verschieben und damit die Zahlen unterschiedlich gruppieren, wie dieses Beispiel zeigt: $(46 + 37) + 4 = 46 + (37 + 4)$.

Außerdem können Sie die Reihenfolge der einzelnen Summanden bestimmen (s. S. 86); unsere Aufgabe kann daher auch so aussehen: $(46 + 4) + 37$.
Der Vorteil liegt darin, dass $50 + 37$ einfacher im Kopf zu rechnen ist als $(46 + 37) + 4$.

Das gleiche Prinzip des Umordnens von Zahlen gilt für die Multiplikation, d.h. wie Sie die einzelnen Faktoren letztendlich anordnen, bleibt Ihnen überlassen. Ein Beispiel:
$(15 \cdot 23) \cdot 2 = 15 \cdot (23 \cdot 2)$.

Da Sie auch noch die Reihenfolge der Faktoren bestimmen können, kann die Aufgabe auch so lauten: $(15 \cdot 2) \cdot 23$. Letztere ist beispielsweise im Kopf leichter zu bewältigen als $(15 \cdot 23) \cdot 2$, denn sie enthält eine **Verdopplung**:
$(15 \cdot 2)$ $\cdot 23 = 30 \cdot 23 = 690$.

Das **Assoziativgesetz** der Addition und Multiplikation, auf dem die oben vorgestellten Rechenoperationen basieren, gibt uns die Freiheit des Umgruppierens. In Verbindung mit dem **Kommutativgesetz** (s. S. 86) gibt es uns ein hervorragendes Instrument zur Hand, Aufgaben so zu gestalten, dass sie leichter bewerkstelligt werden können.

Das Assoziativgesetz der Addition und Multiplikation

Formen Sie die Aufgaben um:

$$(46 + 37) + 4 = (46 + 4) + 37 = 50 + 37 = 87$$

$$(15 \cdot 23) \cdot 2 = (15 \cdot 2) \cdot 23 = 30 \cdot 23 = 690$$

Addieren ohne Übertrag

Der Übertrag bringt beim Addieren so manchen ins Schwitzen. Bei der Addition von 54 und 87 beispielsweise erzeugt 4 + 7 einen Übertrag. Wie es dazu kommt? Die Zahl 11 ist >9 und passt somit nicht mehr in die Einerspalte.

Wie Sie mit dem Übertrag umgehen, haben Sie vermutlich in der Schule gelernt: Sie schreiben eine kleine 1 (oder je nach Größe des Übertrags eine andere Ziffer) unter die nächst höhere Stelle als Gedächtnisstütze, denn die 11 besteht genau genommen aus einem Zehner und einem Einer.

Addieren mit und ohne Übertrag

Addieren **mit** Übertrag:

$$\begin{array}{r} 54 \\ +\ 8_{1}7 \\ \hline 141 \end{array}$$

Addieren **ohne** Übertrag:

- auf dem Papier

$$\begin{array}{r} 54 \\ +\ 87 \\ \hline 11 \\ 13 \\ \hline 141 \end{array}$$

- im Kopf

$$\begin{array}{r} 54 \\ +\ 87 \\ \hline \end{array} \overset{-3}{\underset{+3}{\rightarrow}} \begin{array}{r} 51 \\ +\ 90 \\ \hline \end{array} \overset{-10}{\underset{+10}{\rightarrow}} \begin{array}{r} 41 \\ +\ 100 \\ \hline 141 \end{array}$$

Sie können sich den Übertrag schenken, unabhängig davon, ob Sie die Aufgabe im Kopf oder auf dem Papier rechnen. Auf dem Papier notieren Sie das Ergebnis der Einer- und Zehnerspalte am besten getrennt voneinander und zwar so: 4 + 7 = 11 und 5 + 8 = 13, wobei Sie bei 5 + 8 in Wirklichkeit 50 + 80 = 130 rechnen. Anschließend bilden sie die Summe. Die einzelnen Rechenschritte lassen sich auch so darstellen:
$54 + 87 = (50 + 4) + (80 + 7) = (50 + 80) + (4 + 7) = 130 + 11.$

Wenn Sie die Aufgabe im Kopf rechnen, wandeln Sie 87 in ein Vielfaches von 10 um – nämlich in 90 – indem Sie 3 addieren; gleichzeitig aber müssen Sie die 3 von 54 wieder abziehen (= 51).

Dann machen Sie aus der 90 eine 100, indem Sie noch einmal 10 addieren und aus der 51 eine 41, indem Sie den gleichen Betrag sofort wieder abziehen. Alles andere ergibt sich dann von selbst.

Subtrahieren ohne Übertrag

Bei der schriftlichen Subtraktion ist Gleiches zu beachten wie bei der Addition. Der Subtrahend wird aufaddiert und zum Minuenden ergänzt. Überträge werden ebenfalls in die nachfolgende Spalte gebracht.

Nehmen wir als Beispiel 74 – 48. Wenn wir mit Übertrag rechnen, denken wir uns die 74 nicht als 7 Zehner und 4 Einer, sondern als 6 Zehner und 14 Einer. Damit wird die Aufgabe wesentlich einfacher, denn wir subtrahieren jetzt 4 Zehner und 8 Einer von 6 Zehnern und 14 Einern. Das Ergebnis lautet damit: 2 Zehner und 6 Einer, also 26.

Beim Subtrahieren im Kopf können wir uns den Übertrag sparen, indem wir die Zahlen entsprechend umformen. Wichtig dabei ist, dass der Subtrahend zu einem Vielfachen von 10 wird. Bei der Aufgabe 74 – 48 würde dies bedeuten, dass wir aus der 48 eine 50 machen und aus der 74 eine 76 (also beide Zahlen gleichsinnig um 2 erhöhen). Der Wert der Differenz wird dadurch nicht verändert. Der große Vorteil ist, dass wir uns bei 76 – 50 = 26 keinen Übertrag mehr merken müssen.

Übertrag beim Subtrahieren

Subtrahieren **mit** Übertrag:

$$\begin{array}{r} 74 \\ -\ 48 \\ \hline ? \end{array}$$

$$\begin{array}{r} \text{7 Zehner und 4 Einer} \\ -\ \text{4 Zehner und 8 Einer} \\ \hline ? \end{array} \rightarrow \begin{array}{r} \text{6 Zehner und 14 Einer} \\ -\ \text{4 Zehner und 8 Einer} \\ \hline \text{2 Zehner und 6 Einer} \end{array}$$

Subtraktion **ohne** Übertrag:

$$\begin{array}{r} 74 \\ -\ 48 \\ \hline ? \end{array} \xrightarrow{+2} \begin{array}{r} 76 \\ -\ 50 \\ \hline 26 \end{array}$$

Multiplizieren Sie schrittweise ...

Das kleine Einmaleins, das wir von der Schule her kennen, reicht bis 10 · 10. Damit sind alle Zahlenkombinationen ausgeschöpft: Jede Zahl (von 1 bis 10) wurde mit jeder multipliziert. Was aber machen wir, wenn wir es mit größeren Zahlen zu tun haben?

Nehmen wir eine Multiplikation, bei der ein Faktor zweistellig ist, zum Beispiel 24 · 8. Wenn wir den üblichen (schriftlichen) Weg gehen, beginnen wir mit 4 · 8 = 32. Die 2 im Ergebnis schreiben wir unter die 8 und den Übertrag klein neben die 2. Anschließend rechnen wir 2 · 8 = 16, addieren den Übertrag (3) und erhalten 19. Das Ergebnis lautet damit: 192.

Dieser übliche Rechenweg verschleiert, was wir tatsächlich rechnen. Werfen wir dazu einen Blick auf die beiden Zwischenprodukte 8 · 4 = 32 und 8 · 2 = 16. Letzteres bedeutet in Wirklichkeit nicht 8 · 2 = 16, sondern 8 · 20 = 160. Beide Produkte addiert, ergeben 160 + 32 = 192.

Zum besseren Verständnis dieser Rechnung können wir uns ein Rechteck mit den Maßen 8 · 24 aufzeichnen. Dabei denken wir uns die 24 als 20 + 4 (was unbestritten ist). Wenn wir beide Summanden mit 8 multiplizieren, ergibt sich daraus folgendes Bild: (8 · 20) + (8 · 4) = 160 + 32 = 192.

Schrittweises Multiplizieren

$$\begin{array}{r} 2_3 4 \cdot 8 \\ \hline 192 \end{array}$$

↓

$$\begin{array}{rl} 4 \cdot 8 = & 32 \\ 8 \cdot 20 = & 160 \\ \hline & 192 \end{array}$$

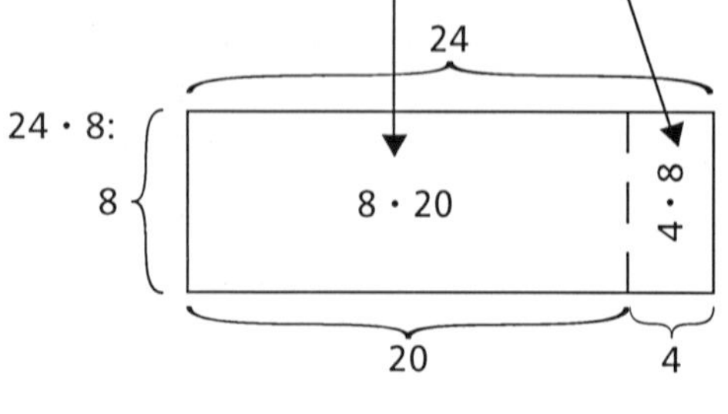

8 · 24 = (8 · 20) + (8 · 4) = 160 + 32 = 192

... und achten Sie auf die Teilprodukte.

Multiplikationen werden komplizierter, wenn beide Faktoren zweistellig sind. Untersuchen wir dazu die Aufgabe 13 · 27.

Die übliche Methode mit Papier und Bleistift verdeckt auch hier die tatsächlich durchgeführten Rechenoperationen. Wenn wir, während wir schriftlich multiplizieren, 1 · 2 = 2 sagen, vergessen wir, dass wir in Wirklichkeit 10 · 20 = 200 rechnen. Wenn wir 13 · 27 dagegen in (10 + 3) · (20 + 7) umwandeln und das Diagramm dazu zeichnen, bekommen wir dieses Mal nicht nur zwei Parzellen, wie in der vorherigen Aufgabe, sondern vier. Diese vier Parzellen stellen die vier Teilprodukte dar, und zwar: (10 · 20), (10 · 7), (3 · 20) und (3 · 7).

Addiert, ergeben diese Produkte 200 + 70 + 60 + 21, also insgesamt 351. Wenn wir diese Multiplikation im Kopf vollführen, kann es leicht passieren, dass ein Teilprodukt vergessen wird. Darum ist es ratsam, sich auf zwei Teilprodukte zu beschränken. In unserem Beispiel würde dies bedeuten: (10 + 3) · 27 gleich (10 · 27) + (3 · 27) gleich 270 + 81 = 351.

Und was machen wir mit Faktoren, die mehr als zwei Stellen aufweisen? Rechnen Sie in solchen Fällen ruhig auf dem Papier oder mit dem Taschenrechner, von Ausnahmen einmal abgesehen ... oder überschlagen Sie die Rechnung einfach im Kopf.

Schrittweise Multiplikation (Fortsetzung)

13 · 27
26
₁91
351

→ schriftliche Multiplikation

↓

13 · 27:

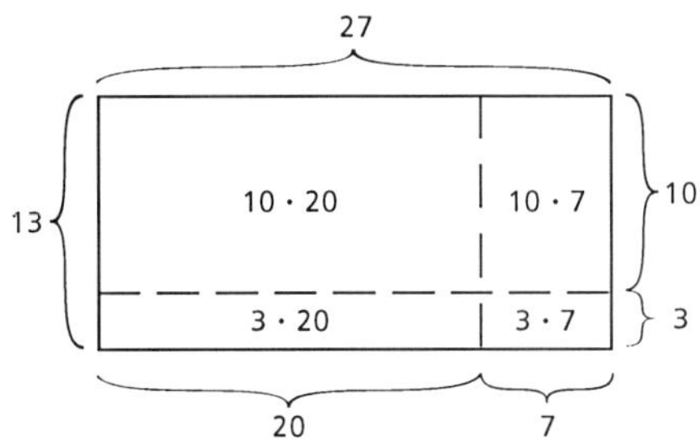

$$13 \cdot 27 = (10 + 3) \cdot (20 + 7)$$
$$= (10 \cdot 20) + (10 \cdot 7) + (3 \cdot 20) + (3 \cdot 7)$$
$$= 200 + 70 + 60 + 21 = 351$$

Divisionen im Kopf überschlagen …

Obwohl Divisionen fortlaufende Subtraktionen sind, werden Divisionsaufgaben in der Regel nicht auf diese Weise gelöst. Fürs Kopfrechnen hilft uns dieses Wissen jedoch weiter, vor allem wenn es um Überschlagsrechnungen geht. Damit vereinfachen wir ellenlange Divisionen, die fürs Kopfrechnen zu schwierig sind.

Divisionen im Kopf überschlagen

312 : 13 = ?

312	
– 130	**(10 · 13)**
182	▽
– 130	**(10 · 13)**
52	▽
– 52	**(4 · 13)**
0	24

312 : 13 = 24

Je besser die Überschlagsrechnung, desto schneller kommen Sie zur richtigen Lösung. Nehmen wir die Division 312 : 13 als Beispiel. Ihr erster Versuch mag damit beginnen, dass Sie die 13 10-mal in der 312 vermuten. Wenn Sie 10 · 13 = 130 von 312 subtrahieren, landen Sie bei 182. Wird das Ganze noch einmal wiederholt, verbleiben noch 52. Und wie oft passt die 13 in die 52? Genau 4-mal. Das Ergebnis lautet demnach: 10 + 10 + 4 = 24.

Wenn Sie gleich mit 20 · 13 (= 260) angefangen, und damit 2 Schritte auf einmal ausgeführt hätten, wären Sie schneller am Ziel gewesen.

Die Frage ist nur, wären Sie auf Anhieb auf diese Möglichkeit gekommen? Sie wissen ja, mit 20 · 13 = 260 liegen Sie unter 312 und mit 30 · 13 = 390 ein gutes Stück darüber. Ein guter Anfang wäre in diesem Fall also, zunächst von 20 · 13 auszugehen.

Wenn Sie anschließend 312 – 260 im Kopf rechnen, merken Sie schnell, dass die 13 4-mal in die 52, d.h. in den verbleibenden Rest, passt. Das Ergebnis lautet auch diesmal: 24.

… auch wenn ein Rest bleibt.

Divisionen gehen häufig nicht auf. Ein Beispiel: Die 2 passt nicht glatt in die 7, d.h. die Division geht nicht glatt auf und es bleibt ein Rest. Damit ist 7 : 2 = 3, Rest 1.

Unser nächstes Beispiel soll 245 : 17 lauten. Sie werden auch mit einer taktisch schlechten Überschlagsrechnung zum richtigen Ergebnis kommen, das hat das vorherige Beispiel schon gezeigt. Nur, wenn Sie zu weit über das Ziel hinaus schießen, müssen Sie wieder zurückrechnen.

Nehmen wir an, Ihre erste Schätzung läge bei 20 · 17 und Sie wollten dieses Ergebnis von 245 subtrahieren. Damit sind Sie schon zu weit gegangen, denn 20 · 17 ergibt 340 und nicht 245.

Gehen Sie folglich einen Schritt zurück und versuchen Sie es mit 10 · 17 = 170.

Wenn Sie jetzt 170 von 245 subtrahieren, verbleiben noch 75. Und wie geht's weiter? Mit 5 · 17 liegen Sie um 10 zu hoch, nämlich bei 85, und mit 4 · 17 = 68 um 7 darunter.

Da sich die 17 nicht mehr weiter subtrahieren lässt, sprechen wir von einem Rest, in diesem Fall „Rest 7". Das korrekte Ergebnis lautet somit:
245 : 17 = 10 + 4 = 14, Rest 7.

Divisionen mit Rest

245 : 17 = ?

245	
– **170**	**(10 · 17)**
75	
– 68	**(4 · 17)**
7	14
Rest	Quotient

245 : 17 = 14 Rest 7

Faktoren können zerlegt werden ...

Die Multiplikation und die Addition stehen in einer interessanten Wechselbeziehung, die wir uns näher anschauen sollten. Wenn wir (3 · 2) + (4 · 2) und 7 · 2 miteinander vergleichen, lautet das Ergebnis beide Male 14. Wie kommt es dazu?

Stellen Sie sich bei (3 · 2) drei Paar Schuhe vor und bei (4 · 2) vier Paar Schuhe; beide zusammengezählt ergeben 7 Paar Schuhe. Dieser Zusammenhang (das **Distributivgesetz**) gilt für alle Zahlen: 8 · 6 z.B. kann zerlegt werden in: (5 + 3) · 6 = (5 · 6) + (3 · 6).

Gehen wir zu zweistelligen Zahlen über : 12 · 14. Diese Multiplikation lässt sich unterschiedlich darstellen, nämlich als (5 + 7) · 14 oder 12 · (8 + 6) oder auf verschiedene andere Weisen. Das Erste, woran Sie bei einer Vereinfachung der Aufgabe logischerweise denken sollten, ist, ein Vielfaches von 10 einzubauen. Die Aufgabe könnte dann wie folgt lauten: (10 + 2) · 14.

Wenn Sie jetzt die beiden Summanden jeweils mit 14 multiplizieren, erhalten Sie (10 · 14) + (2 · 14), was Sie mühelos im Kopf rechnen können: 140 + 28 = 168.

Bei manchen Rechnungen ist nicht das Addieren gefragt, sondern das Subtrahieren, was die folgende Aufgabe beweist: 18 · 23 = (20 – 2) · 23. Beim Ausmultiplizieren kommen wir zu folgendem Ergebnis: (20 · 23) – (2 · 23) ergibt 460 – 46 = 414.

Faktoren zerlegen

8 · 6 = (5 + 3) · 6
= (5 · 6) + (3 · 6)
= 30 + 18 = 48

12 · 14 = (10 + 2) · 14
= (10 · 14) + (2 · 14)
= 140 + 28 = 168

18 · 23 = (20 – 2) · 23
= (20 · 23) – (2 · 23)
= 460 – 46 = 414

... Dividenden ebenso ...

Das eben erwähnte Prinzip lässt sich auch bei Divisionen anwenden.

Beginnen wir mit einem einfachen Beispiel: (6 : 3) + (9 : 3). Die Addition beider Quotienten liefert: 2 + 3 = 5. Zum selben Ergebnis gelangen wir, wenn wir (6 + 9) : 3 oder 15 : 3 rechnen.

Daraus folgt: Was fürs Multiplizieren gilt, gilt auch fürs Dividieren: Divisionen lassen sich vereinfachen, indem wir die Dividenden zerlegen.

Hierzu ein Übungsbeispiel: 345 : 15. Zerlegen wir 345 in 300 + 45 und teilen dann getrennt: 300 : 15 = 20 und 45 : 15 = 3. Das Ergebnis lautet damit: 20 + 3 = 23.

Wenn Ihnen 300 : 15 allerdings zu kompliziert erscheint, können Sie 345 noch weiter zerlegen, und zwar in 150 + 150 + 45. Wenn Sie die drei Summanden jeweils durch 15 teilen, kommen Sie über die Zwischenrechnung 10 + 10 + 3 = 23 zum selben Ergebnis.

Sie müssen natürlich, um Aufgaben zu vereinfachen, nicht unbedingt Zahlen in Summanden zerlegen (wie bei den vorangegangenen Beispielen) sondern können auch jederzeit subtrahieren, wo immer dies ratsam erscheint. Aus 252 : 14 wird dann z.B. (280 – 28) : 14, was ebenfalls zum richtigen Ergebnis führt, nämlich zu 20 – 2 = 18.

Dividenden zerlegen

15 : 3 = **(6 + 9)** : 3
= (6 : 3) + (9 : 3)
= 2 + 3 = 5

345 : 15 = **(300 + 45)** : 15
= (300 : 15) + (45 : 15)
= 20 + 3 = 23

252 : 14 = **(280 – 28)** : 14
= (280 : 14) – (28 : 14)
= 20 – 2 = 18

… und sie lassen sich noch weiter zerlegen.

Die Zahlen 2, 3, 5, 7, 11 … sind **Primzahlen** und können nicht weiter zerlegt werden. Im Gegensatz dazu gibt es die **zusammengesetzten Zahlen,** die sich in Faktoren zerlegen lassen, so etwa die 4 in 2 · 2 oder die 12 in 3 · 4. Es müssen aber nicht immer Primzahlen sein, die bei einer Faktorenzerlegung erscheinen, wie Sie am Beispiel der 12 sehen.

Sobald Sie eine teilbare Zahl vor sich haben, kann es ratsam sein, sie vor dem Multiplizieren in Faktoren zu zerlegen.

Versuchen Sie es mit dem folgenden Produkt: 16 · 35. Sie können hier die 35 in 5 · 7 zerlegen und die 16 unberührt lassen. Folgerichtig heißt es dann weiter: 16 · 5 = 80 und 80 · 7 = 560.

Ein Gegenvorschlag wäre, die 16 in 2 · 8 aufzugliedern. Damit ergibt sich folgende Rechnung: 2 · 35 = 70 und 70 · 8 = 560. Natürlich hätten Sie die 8 auch in 2 · 2 · 2 zerlegen können, damit wären Sie aber nicht weitergekommen.

Beim Dividieren findet diese Methode gleichermaßen Verwendung: Bei der Aufgabe 336 : 21 merken Sie sofort, dass 21 = 3 · 7 ergibt. Diese Tatsache können Sie für sich nutzen, indem SIe 336 zunächst durch 3 teilen.

➜ 336 : 3 = 112.

Und wenn Sie 112 wiederum durch 7 teilen, erhalten Sie 16, und schon haben Sie die richtige Lösung.

Zahlen in Faktoren zerlegen

16 · **35**= 16 · **(5 · 7)**
= (16 · 5) · 7
= 80 · 7 = 560

oder

16 · 35= **(2 · 8)** · 35
= (2 · 35) · 8
= 70 · 8 = 560

336 : **21**= 336 : **(3 · 7)**
= (336 : 3) : 7
= 112 : 7 = 16

Am einfachsten lässt es sich mit der Zahl 10 rechnen.

Das Rechnen mit der Zahl 10 fällt uns besonders leicht, da unser Dezimalsystem auf dieser Zahl aufgebaut ist, mit eingeschlossen sind **Vielfache von 10** und **Zehnerpotenzen.**

Vielfache von 10 sind: 20, 30, 40 usw. – irgendeine Zahl mit 10 multipliziert also.

Die 10 mit sich selbst multipliziert, wird als Zehnerpotenz bezeichnet, wie $10 \cdot 10 = 100 = 10^2$; $10 \cdot 10 \cdot 10 = 1\,000 = 10^3$ usw. Die Hochzahlen (**2**, **3** …) helfen uns Platz zu sparen und werden auch als Exponenten bezeichnet.

Wir wissen aus den Überlegungen von S. 80, dass sich die Zahl 274 auch als Auflistung ihrer Stellenwerte darstellen lässt: $(2 \cdot 10^2) + (7 \cdot 10^1) + (4 \cdot 10^0)$. Anstelle der ausgeschriebenen Zahlen (100, 1000 …) arbeiten wir im Folgenden allerdings mit Exponenten: 10^2, 10^3 …

Wenn Sie die Zahl 274 mit 10 $(=10^1)$ multiplizieren, entsteht daraus $(2 \cdot 10^3) + (7 \cdot 10^2) + (4 \cdot 10^1) + (0 \cdot 10^0)$ $= 2\,740$, dies ist die Zahl 274 mit einer angehängten Null. Multiplizieren Sie mit 100 $(=10^2)$, lautet das Ergebnis 27 400. Bei $274 \cdot 1000$ $(=10^3)$ werden schließlich nicht zwei, sondern drei Nullen angehängt und so fort.

Dies zeigt uns, dass die Anzahl der Nullen von der jeweiligen Hochzahl (dem Exponenten) bestimmt wird. (Divisionen mit Zehnerpotenzen folgen später).

Multiplikationen mit Zehnerpotenzen

$$274 = (2 \cdot 10^2) + (7 \cdot 10^1) + (4 \cdot 10^0)$$

Multiplikation mit 10 (= 10^1):

$$274 \cdot 10^1 = (2 \cdot 10^3) + (7 \cdot 10^2) + (4 \cdot 10^1) + (0 \cdot 10^0) = 2\,740$$

Multiplikation mit 100 (= 10^2):

$$274 \cdot 10^2 = (2 \cdot 10^4) + (7 \cdot 10^3) + (4 \cdot 10^2) + (0 \cdot 10^1) + (0 \cdot 10^0) = 27\,400$$

Ein Bruch ist stets Teil eines Ganzen …

Wir verwenden Brüche im täglichen Leben: Bei der Uhrzeit sprechen wir von „viertel vor/nach drei“ oder „halb acht“, beim Einkaufen von einem „halben Dutzend Eiern“ oder einer „Dreiviertel-Liter-Flasche Wein“ und in Gelddingen von einer „viertel Million“ oder „eineinhalb Tausend“. – Brüche sind Teil unserer Sprache. Alles lässt sich in Teile zerlegen; umgekehrt rührt jeder Teil von einem Ganzen her.

Ein in der Mitte durchgeschnittener Kuchen besteht aus zwei Hälften. Jede dieser Hälften lässt sich als Bruch darstellen, nämlich als $\frac{1}{2}$; wobei die Eins als Zähler und die Zwei als Nenner bezeichnet wird. Die Zwei steht für die Gesamtzahl der Teile und die Eins bezieht sich auf einen davon.

Werden die beiden Hälften noch einmal durchgeschnitten, erhalten wir vier Stücke. Jedes Stück verkörpert ein Viertel (= $\frac{1}{4}$) vom gesamten Kuchen. Dementsprechend werden drei Stücke als $\frac{3}{4}$ bezeichnet, während der ganze Kuchen aus vier Vierteln (= $\frac{4}{4}$) oder zwei Halben (= $\frac{2}{2}$) besteht, wobei gilt: $\frac{2}{2} = \frac{4}{4} = 1$.

Anstatt eines runden Kuchens können wir auch einen rechteckigen Kuchen in 3 gleich große Stücke teilen. Ein Stück ist ein Drittel (= $\frac{1}{3}$) vom gesamten Kuchen und zwei Stücke sind demnach zwei Drittel (= $\frac{2}{3}$) des Kuchens. Der gesamte Kuchen besteht in diesem Beispiel aus drei Dritteln $\frac{3}{3} = 1$.

Brüche sind Teile eines Ganzen

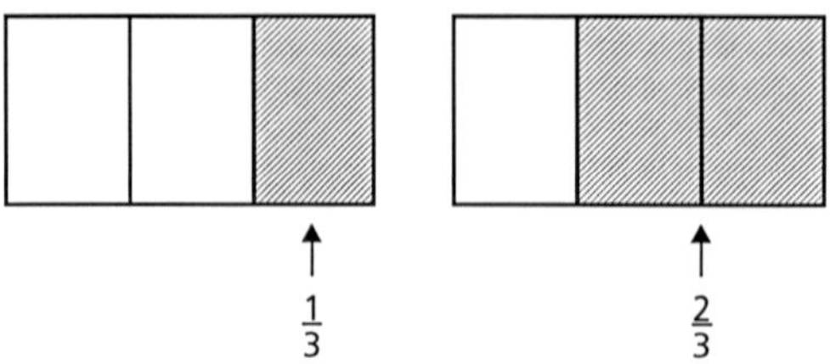

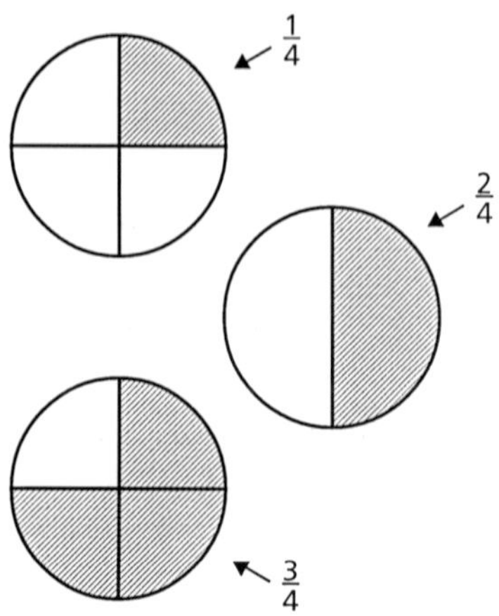

... und lässt sich unterschiedlich darstellen.

Ein Bruch ist eine Form der Division: $\frac{3}{4}$ bedeutet demnach „3 geteilt durch 4“. Die herkömmliche Schreibweise ist 3 : 4; sie wird aber nur dann angewendet, wenn man die Division auch tatsächlich ausführen möchte, was bei einem Bruch wie $\frac{3}{4}$ nicht der Fall ist. Anders ausgedrückt: Ein Bruch ist eine „unvollendete“ Division. (Wie man die 4 durch die 3 teilt, werden wir später sehen.)

Brüche können, wie andere Zahlen auch, jederzeit addiert und subtrahiert werden, wodurch sie eine eigene Stellung innerhalb des Zahlensystems bekommen.

Wenn wir einen Kuchen in 4 gleich große Stücke schneiden und zwei davon wegnehmen, bleiben $\frac{2}{4}$ Stücke übrig. Ist das nicht das Gleiche wie $\frac{1}{2}$? Richtig, ein Bruch kann unterschiedlich dargestellt werden, wir brauchen unseren Kuchen nur weiter zu unterteilen und entsprechend mehr Stücke entnehmen. Demzufolge bleibt der Wert eines Bruchs unverändert, solange man Zähler und Nenner mit derselben Zahl multipliziert (diesen Vorgang nennt man „Erweitern“).

Beispiele dafür sind:

$\frac{1}{2} = \frac{2}{4}, \frac{3}{6}, \frac{4}{8} \ldots$

oder: $\frac{1}{3} = \frac{2}{6}, \frac{3}{9}, \frac{4}{12} \ldots$

oder: $\frac{3}{4} = \frac{6}{8}, \frac{9}{12}, \frac{12}{16} \ldots$

Umgekehrt gilt: Ein Bruch kann gekürzt werden, indem man Zähler und Nenner durch dieselbe Zahl dividiert. Wenn Sie $\frac{3}{6}$ „oben“ und „unten“ durch 3 teilen, erhalten Sie $\frac{1}{2}$.

Die Darstellung von Brüchen

Ein Bruch ist eine unvollendete Division:

$\frac{3}{4} \longleftrightarrow 3 : 4$

Gleichwertige Brüche:

$\frac{1}{2} = \frac{2}{4}, \frac{3}{6}, \frac{4}{8}$ usw.

$\frac{3}{4} = \frac{6}{8}, \frac{9}{12}, \frac{12}{16}$ usw.

Das Addieren und Subtrahieren von Brüchen ist einfach, wenn sie …

Das Addieren und Subtrahieren von Brüchen ist kinderleicht, vorausgesetzt, sie weisen dieselbe Zahl unterm Strich auf (=Nenner).

„Ein Fünftel ($\frac{1}{5}$) plus zwei Fünftel ($\frac{2}{5}$)" ist so einfach zu rechnen wie „1 Apfel plus 2 Äpfel gleich 3 Äpfel"; entsprechend lautet das Ergebnis der Bruchrechnung: drei Fünftel ($\frac{3}{5}$).

Das Gleiche gilt für Subtraktionen: „Zwei Drittel ($\frac{2}{3}$) minus ein Drittel ($\frac{1}{3}$) ergibt ein Drittel ($\frac{1}{3}$)".

Wodurch dies möglich wird? Der Nenner ist eine Art Größeneinheit, und die ist bei beiden Brüchen gleich. Bei ganzen Zahlen wird diese Bezugsgröße durch das Stellenwertsystem garantiert, bei Brüchen durch den Nenner. Wenn die Nenner verschieden sind, müssen wir für beide Brüche einen gemeinsamen Maßstab finden, sprich einen gemeinsamen Nenner. – Mehr darüber werden Sie in Kürze erfahren.

Die Brüche $\frac{3}{5}$ und $\frac{4}{5}$ weisen den gleichen Nenner auf, aus diesem Grund lassen sich beide leicht addieren: $\frac{3}{5} + \frac{4}{5} = \frac{7}{5}$. Da dieser Bruch größer ist als 1, können wir ihn in einen gemischten Bruch umwandeln. (Dieser besteht aus einer ganzen Zahl und einem Bruch.)
→ $\frac{7}{5} = \frac{5}{5} + \frac{2}{5} = 1\frac{2}{5}$.

Addition von Brüchen mit gleichen Nennern

$$\frac{1}{5} + \frac{2}{5} = \frac{3}{5}$$

gleicher Nenner

$$\frac{3}{5} + \frac{4}{5} = \frac{7}{5} = \frac{5}{5} + \frac{2}{5} = 1 + \frac{2}{5} = 1\frac{2}{5}$$

... einen gemeinsamen Nenner aufweisen.

Für die Addition von $\frac{1}{2}$ und $\frac{1}{3}$ brauchen wir einen gemeinsamen Nenner, d.h. die Zahl unterm Strich muss dieselbe sein. Erst damit besitzen beide Brüche eine gemeinsame Größeneinheit.

Wir können den gemeinsamen Nenner für $\frac{1}{2}$ und $\frac{1}{3}$ bestimmen, indem wir beide Brüche erweitern:
$\frac{1}{2} = \frac{2}{4}, \mathbf{\frac{3}{6}}, \frac{4}{8}$ und $\frac{1}{3} = \mathbf{\frac{2}{6}}, \frac{3}{9}, \frac{4}{12}$.

Da $\frac{3}{6}$ und $\frac{2}{6}$ denselben Nenner aufweisen, also gleichnamig sind, können diese beiden Brüche miteinander addiert werden: $\frac{3}{6} + \frac{2}{6} = \frac{5}{6}$.

➜ $\frac{1}{2} + \frac{1}{3} = \frac{3}{6} + \frac{2}{6} = \frac{5}{6}$

Der gemeinsame Nenner lässt sich auch ableiten, indem beide Nenner einfach miteinander multipliziert werden; dies ist die einfachste Methode, die immer funktioniert. Sie hat nur hin und wieder den Nachteil, dass die ermittelte Zahl zu groß ist.

Bei $\frac{2}{3}$ und $\frac{3}{4}$ lautet der gemeinsame Nenner gemäß dieser Methode: 12 (das Produkt aus $3 \cdot 4$). Bei der Umwandlung der beiden Brüche in 12tel müssen wir auch die Zähler entsprechend verändern.

Bei $\frac{2}{3}$ müssen wir den Zähler mit 4 multiplizieren und bekommen damit $\frac{8}{12}$; es ist derselbe Faktor, mit dem wir den Nenner erweitert haben.

Bei $\frac{3}{4}$ multiplizieren wir den Zähler entsprechend mit 3 und kommen somit auf $\frac{9}{12}$. Erst jetzt können wir uns an das Addieren begeben: $\frac{8}{12} + \frac{9}{12} = \frac{17}{12} = 1\frac{5}{12}$.

Das Multiplizieren von Brüchen mit unterschiedlichem Nenner

$\frac{1}{2} + \frac{1}{3} = ?$

$\frac{1}{2} = \frac{2}{4}, \mathbf{\frac{3}{6}}, \frac{4}{8} \ldots$

$\frac{1}{3} = \mathbf{\frac{2}{6}}, \frac{3}{9}, \frac{4}{12} \ldots$

Brüche mit gleichem Nenner

$\frac{1}{2} + \frac{1}{3} = \frac{3}{6} + \frac{2}{6} = \frac{5}{6}$

$$\frac{2}{3} + \frac{3}{4} = \frac{2 \cdot 4}{3 \cdot 4} + \frac{3 \cdot 3}{4 \cdot 3} = \frac{8}{12} + \frac{9}{12} = \frac{17}{12} = 1\frac{5}{12}$$

Das Multiplizieren von Brüchen ist einfach, ...

Die Multiplikation eines Bruches mit einer ganzen Zahl geschieht in zwei Etappen: Zunächst wird die Zahl mit dem Zähler des Bruches multipliziert und anschließend das Produkt durch den Nenner dividiert. Die Reihenfolge der beiden Schritte spielt dabei keine Rolle.

Besteht der Bruch dagegen aus $\frac{1}{2}$, wird einfach durch 2 geteilt. Bei unserem Übungsbeispiel, $\frac{3}{4} \cdot 8$ lautet die Rechnung: $3 \cdot 8 = 24$ und $24 : 4 = 6$.

Sie können das Ganze auch umdrehen und mit der Division beginnen: $8 : 4 = 2$ und $3 \cdot 2 = 6$.

Wenn zwei Brüche miteinander multipliziert werden sollen, können Sie denselben Weg gehen: Zuerst wird multipliziert und dann dividiert. Bei der Aufgabe $\frac{4}{5} \cdot \frac{2}{3}$ multiplizieren Sie zunächst $\frac{4}{5}$ mit 2 und dividieren anschließend durch 3. Das bedeutet nichts Anderes, als dass die Nenner und Zähler jeweils miteinander multipliziert werden: $\frac{4 \cdot 2}{5 \cdot 3} = \frac{8}{15}$. Diese Regel macht das Multiplizieren mit Brüchen so einfach.

Nach dem Multiplizieren müssen Sie gegebenenfalls kürzen, indem Sie gemeinsame Faktoren in Zähler und Nenner streichen. Bei $\frac{1}{3} \cdot \frac{3}{4}$ z.B. kann die 3 im Zähler und im Nenner gestrichen werden, denn die Division und Multiplikation heben sich auf, es bleibt $\frac{1}{4}$.

Das Multiplizieren von Brüchen

Brüche mit einer ganzen Zahl multiplizieren:

$$\frac{3}{4} \cdot 8 = \frac{3 \cdot 8}{4} = \frac{24}{4} = 6$$

Zwei Brüche miteinander multiplizieren:

$$\frac{4}{5} \cdot \frac{2}{3} = \frac{4 \cdot 2}{5 \cdot 3} = \frac{8}{15}$$

Brüche kürzen:

$$\frac{1}{3} \cdot \frac{3}{4} = \frac{1 \cdot \cancel{3}}{\cancel{3} \cdot 4} = \frac{1}{4}$$

… das Dividieren mit Brüchen ist etwas verzwickt, …

Und wie funktioniert das Dividieren mit Brüchen? Wie teilen wir etwa 1 durch $\frac{1}{2}$? Mit anderen Worten: Wie oft passt $\frac{1}{2}$ in die 1? Oder: Wie viele Hälften ergeben einen ganzen Kuchen? $\Rightarrow 1 : \frac{1}{2} = ?$
Die Antwort lautet: 2.

Sie kennen in diesem Fall die Antwort, nur welchen Rechenweg haben Sie dabei eingeschlagen?

Der gängigste Weg besteht darin, die Division als Bruch darzustellen, bei dem der Zähler 1 und der Nenner $\frac{1}{2}$ ist.

Zugegeben, dieser Bruch,
bei dem im Nenner
ebenfalls ein Bruch auftaucht,
schaut schon etwas seltsam aus: $\frac{1}{\frac{1}{2}}$.

Eines liegt auf der Hand: Man muss den Bruch im Nenner loswerden. – Die Frage ist nur, wie?

Wenn wir den Nenner mit 2 multiplizieren bleibt eine 1 unterm Strich, was der einfachste Weg ist. Dafür müssen wir den Zähler ebenfalls mit 2 multiplizieren. (Bekanntlich bleibt der Wert eines Bruches unverändert, wenn Zähler und Nenner mit demselben Faktor multipliziert werden.) Mit diesem Schritt erhalten wir die Lösung, die wir längst erwartet haben: $\frac{2}{1} = 2$.

Die Division von Brüchen

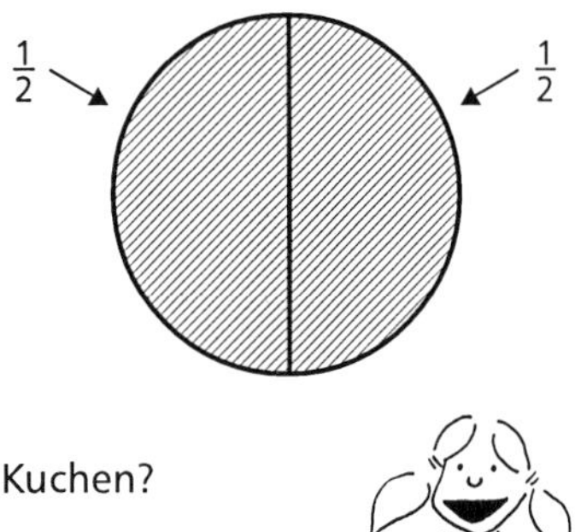

Aus wie vielen Hälften besteht ein ganzer Kuchen?

$$1 : \frac{1}{2} = \frac{1}{\frac{1}{2}} = \frac{1 \cdot 2}{\frac{1}{2} \cdot 2} = \frac{2}{\frac{2}{2}}$$

$$= \frac{2}{1} = 2$$

... aber mit einem kleinen Trick ...

Und hier eine andere Aufgabe, wie wär's mit $1 : \frac{1}{4}$?

Die richtige Lösung muss hierbei 4 lauten, schließlich besteht ein Kuchen aus 4 Vierteln. Auch hier heißt es wieder: Bilden Sie zuerst den Doppelbruch und werden anschließend den Bruch im Nenner los, indem Sie die Zahlen oben und unten mit 4 multiplizieren. Damit bekommen Sie als Ergebnis $\frac{4}{1} = 4$.

Nehmen wir an, Sie hätten aber 2 Kuchen, wie viele Viertel hätten Sie dann? Müssten es nicht $\frac{2}{\frac{1}{4}}$ sein? Die richtige Lösung, 8, bekommen Sie, indem Sie Zähler und Nenner mit 4 multiplizieren (s. u.).

Wird 1 durch eine Zahl geteilt, so erhält man deren **Kehrwert**, (auch **reziproker Wert** genannt). Der Kehrwert von $\frac{1}{2}$ oder $\frac{1}{4}$ ist demzufolge 2 bzw. 4. Umgekehrt ist der reziproke Wert von 2 gleich $\frac{1}{2}$ und von 4 gleich $\frac{1}{4}$.

Daraus ist ersichtlich: Ein Doppelbruch wird aufgelöst, indem man Zähler und Nenner mit dem Kehrwert seines Nenners multipliziert:

$$\frac{2}{\frac{1}{4}} = 2 \cdot \frac{4}{1} = 8.$$

(Tatsächlich gilt: Dividieren durch eine Zahl ist dasselbe wie Multiplizieren mit ihrem Kehrwert. – Aus einer Division durch 10 wird eine Multiplikation mit dem Kehrwert $\frac{1}{10}$.)
Mit diesem einfachen Schritt kann mit Hilfe des Kehrwerts eine Divisionsaufgabe in eine Multiplikationsaufgabe umgewandelt werden.

Die Division von Brüchen

(Fortsetzung)

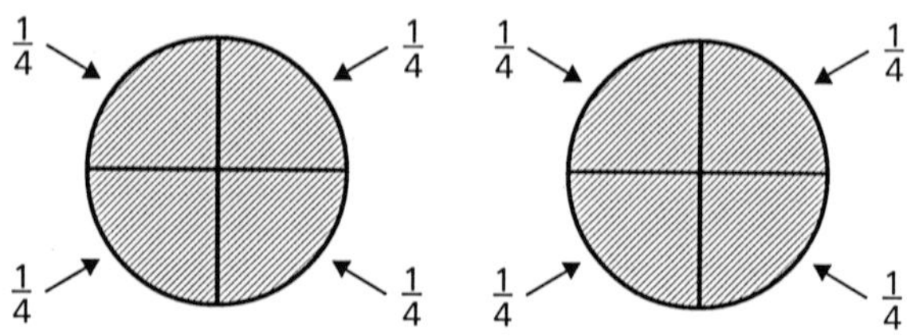

Aus wie vielen Vierteln bestehen 2 ganze Kuchen?

$$2 : \frac{1}{4} = \frac{2}{\frac{1}{4}} = \frac{2 \cdot 4}{\frac{1}{4} \cdot 4} = \frac{8}{\frac{4}{4}}$$

$$= \frac{8}{1} = 8$$

... lassen sich alle Divisionen in Multiplikationen umwandeln.

Jetzt wird es komplizierter: $\frac{3}{4} : \frac{2}{3} = \frac{\frac{3}{4}}{\frac{2}{3}} = ?$

Dieser Doppelbruch wirkt in der Tat nicht sehr einladend. Um ihn zu vereinfachen, gehen Sie folgendermaßen vor: Der erste Schritt besteht darin, Zähler und Nenner mit $\frac{3}{2}$, also mit dem Kehrwert des Nenners, zu multiplizieren, damit aus dem Nenner eine 1 entsteht. Der Zähler $\frac{3}{4} \cdot \frac{3}{2}$ lässt sich ohne weiteres ausmultiplizieren. Das Ergebnis lautet dann: $\frac{3 \cdot 3}{4 \cdot 2} = \frac{9}{8}$ bzw. $1\frac{1}{8}$.

Das Wichtigste hier noch einmal in Kurzform: Bei einem Doppelbruch werden Zähler und Nenner mit dem Kehrwert des Nenners multipliziert. Der Nenner lautet in unserem Beispiel $\frac{2}{3}$, der Kehrwert entsprechend $\frac{3}{2}$. (Wir können sicher sein, dass dies der Kehrwert ist, denn aus $\frac{2}{3} \cdot \frac{3}{2}$ wird 1, anders ausgedrückt: $\frac{3}{2}$ ist $\frac{1}{\frac{2}{3}}$.)

Den Kehrwert eines Bruches erhalten wir, indem wir den Bruch umkehren. Sobald also bei einer Divisionsaufgabe ein Bruch im Nenner auftaucht, multiplizieren Sie einfach mit dessen Kehrwert.

Die Division von Brüchen

(Fortsetzung)

$$\frac{3}{4} : \frac{2}{3} = ?$$

$$\frac{3}{4} : \frac{2}{3} = \frac{\frac{3}{4}}{\frac{2}{3}} = \frac{\frac{3}{4} \cdot \frac{3}{2}}{\frac{2}{3} \cdot \frac{3}{2}}$$

$$= \frac{\frac{3}{4} \cdot \frac{3}{2}}{1}$$

$$= \frac{3 \cdot 3}{4 \cdot 2} = \frac{9}{8} = 1\frac{1}{8}$$

Das Komma in unserem Dezimalsystem ...

Beim täglichen Einkauf haben wir es nicht nur mit vollen Euro-Beträgen zu tun, sondern auch mit Bruchteilen davon, sprich mit Cents; möglich wird dies durch das Komma.

Der Betrag 356,42 € wird durch das Komma in 356 Euro und 42 Cents geteilt. Die Ziffern 3, 5, 6, 4 und 2 besitzen dabei unterschiedliche Werte, sie reichen vom Hunderter (300,00 €) bis zum Hundertstel bzw. einzelnen Cent (0,02 €).

Wenn wir es nicht mit Geld zu tun haben, können wir auf das Eurozeichen verzichten, das ist klar, nur des Pudels Kern bleibt der gleiche. Das heißt, die Zahl 356,42 besteht aus drei Hundertern, fünf Zehnern, sechs Einern, vier Zehnteln und zwei Hundertsteln.

Mit anderen Worten: Das Komma markiert genau die Stelle, an der die ganzen Zahlen in Bruchzahlen übergehen, dabei vermindert sich der Wert der einzelnen Ziffern – von links nach rechts gelesen – auf jeweils ein Zehntel: Die erste Ziffer nach dem Komma (in unserem Beispiel ist es die 4) hat den Wert eines Zehntels ($4 \cdot \frac{1}{10}$), die zweite Ziffer nach dem Komma den Wert eines Hundertstels, ($2 \cdot \frac{1}{100}$) usw.

Das Komma

Komma

356,42

- 3 Hunderter
- 5 Zehner
- 6 Einer
- 4 Zehntel
- 2 Hundertstel

$$356{,}42 = (3 \cdot 100) + (5 \cdot 10) + (6 \cdot 1) + (4 \cdot \tfrac{1}{10}) + (2 \cdot \tfrac{1}{100})$$

... macht das Rechnen mit Brüchen einfach.

Werfen wir mal einen Blick nach Amerika. Dort wird mit Dollar-Bruchteilen, also mit „half-dollar" (halber Dollar), „quarter" (Vierteldollar) und „dime" (10 Cents) gerechnet.

Auch wenn Brüche im Sprachgebrauch in diesem Fall eine wichtige Rolle spielen – mit Geldbeträgen in Form von Brüchen zu rechnen, ist doch ein wenig schwierig.

Wenn Sie einen „half-dollar", einen „quarter" und einen „dime" als Brüche zusammenzählen wollten, hätten Sie ganz schön zu kämpfen, um auf $\frac{17}{20}$ Dollar zu kommen. Beträge wie 0,50 \$, 0,25 \$ und 0,10 \$ lassen sich dagegen im Handumdrehen zusammenrechnen. Das Ergebnis lautet in dem Fall: 0,85 \$.

An diesem Beispiel merken Sie, dass es oft hilfreicher ist, mit Dezimalzahlen anstatt mit Brüchen zu rechnen.

Übrigens – wenn Sie 0,85 und $\frac{17}{20}$ miteinander vergleichen, werden Sie merken, dass beide Beträge identisch sind: Von 0,85 auf $\frac{17}{20}$ kommen Sie, indem Sie 0,85 in $\frac{85}{100}$ umwandeln und anschließend Nenner und Zähler durch 5 teilen (d.h. kürzen).

Bei Geldbeträgen reicht die Angabe von zwei Stellen nach dem Komma aus. Sie können aber je nach Bedarf auch mehr Kommastellen angeben. Der Wert der Ziffern rechts vom Komma wird immer kleiner, und zwar verkleinert er sich auf $\frac{1}{10}$ pro Dezimalstelle. Für die Stellen vor dem Komma gilt bekanntlich das Gegenteil: Je mehr Stellen links vom Komma, desto größer wird die Zahl.

Brüche und Dezimalzahlen

	Bruch	Dezimalzahl
„half-dollar"	$\frac{1}{2}$ \$	0,50 \$
„quarter"	$\frac{1}{4}$ \$	0,25 \$
„dime"	$\frac{1}{10}$ \$	0,10 \$
	$\frac{17}{20}$ \$	0,85 \$

$$0{,}85 = \frac{85}{100} = \frac{17}{20} \quad \text{(gekürzt)}$$

Multiplikationen mit 10 sind kinderleicht ...

Wird eine Zahl mit 10 multipliziert, brauchen wir nur eine Null anzuhängen (siehe S. 97), so wird aus 274 · 10 im Handumdrehen 2 740. Dieselbe Zahl mit 100 multipliziert, liefert 27 400 usw. Wie aber steht es mit Dezimalzahlen?

Anstelle der ganzen Zahl 274 wollen wir jetzt einmal eine Dezimalzahl unter die Lupe nehmen: 274,596.

Links vom Komma erhöht sich der Stellenwert der einzelnen Ziffern mit dem Faktor 10 (10, 100, 1 000 usw.), rechts davon wird dagegen mit 1/10 (ein Zehntel), 1/100 (ein Hundertstel) usw. multipliziert.

Die Zahl 274,596 besteht aus 2 Hundertern, 7 Zehnern, 4 Einern, 5 Zehnteln, 9 Hundertsteln und 6 Tausendsteln. – Nach der Multiplikation mit 10 aus 2 Tausendern, 7 Hundertern, 4 Zehnern, 5 Einern, 9 Zehnteln und 6 Hundertsteln = 2745,96.

Daraus folgt: Bei der Multiplikation mit 10 verschiebt sich bei Dezimalzahlen das Komma um eine Stelle nach rechts, bei der Multiplikation mit 100 ($= 10^2$) entsprechend um zwei Stellen usw.

Multiplikationen mit 10

$$274{,}596 = (2 \cdot 100) + (7 \cdot 10) + (4 \cdot 1) + (5 \cdot \frac{1}{10}) + (9 \cdot \frac{1}{100}) + (6 \cdot \frac{1}{1000})$$

$$274{,}596 \cdot 10 = ?$$

$$274{,}596 \cdot 10 = (2 \cdot 1000) + (7 \cdot 100) + (4 \cdot 10) + (5 \cdot 1) + (9 \cdot \frac{1}{10}) + (6 \cdot \frac{1}{100})$$

$$= 2745{,}96$$

... Divisionen ebenso, ...

Es spielt keine Rolle, ob sie Dezimalzahlen mit 10 multiplizieren oder durch 10 dividieren, beide Rechenoperationen sind kinderleicht.

Ganze Zahlen lassen sich nicht immer durch 10 teilen, ausgenommen Sie akzeptieren einen Rest. Die Zahl 274 ist ein Beispiel dafür: 274 geteilt durch 10 ergibt den Quotienten 27, es verbleibt ein Rest von 4.

Sie können die 274 auch als Dezimalzahl auffassen, indem Sie ein Komma dahinter setzen. Wenn Sie 274,0 durch 10 teilen, verschiebt sich das Komma um eine Stelle nach links. Das Ergebnis lautet dann: 27,4 und umgekehrt natürlich: 27,4 · 10 = 274.

Dieses Prinzip gilt auch für komplizierte Zahlen, wie z.B. 274,596. Auch diese Dezimalzahl lässt sich problemlos durch 10 teilen. Aus einer Zahl mit 2 Hundertern, 7 Zehnern, 4 Einern, 5 Zehnteln, 9 Hundertsteln und 6 Tausendsteln werden dann 2 Zehner, 7 Einer, 4 Zehntel, 5 Hundertstel, 9 Tausendstel und 6 Zehntausendstel → 27,4596.

Zusammengefasst heißt dies:
Bei Divisionen durch 10 verschiebt sich das Komma um eine Stelle nach links, bei Divisionen durch 100 um zwei Stellen nach links usw.

Divisionen durch 10

$$274{,}596 = (2 \cdot 100) + (7 \cdot 10) + (4 \cdot 1) + (5 \cdot \frac{1}{10}) + (9 \cdot \frac{1}{100}) + (6 \cdot \frac{1}{1000})$$

$274{,}596 : 10 = ?$

$$274{,}596 : 10 = (2 \cdot 10) + (7 \cdot 1) + (4 \cdot \frac{1}{10}) + (5 \cdot \frac{1}{100}) + (9 \cdot \frac{1}{1000}) + (6 \cdot \frac{1}{10\,000})$$

$$= 27{,}4596$$

… der springende Punkt ist stets das Komma.

Beim Addieren und Subtrahieren macht es keinen Unterschied, ob Sie es mit ganzen Zahlen oder Dezimalzahlen zu tun haben (bei ganzen Zahlen denkt man sich das Komma stets rechts von der Zahl: 5 = 5,0).

Achten Sie bei der Addition von zwei Dezimalzahlen aber stets darauf, dass Sie die beiden Kommas exakt untereinander setzen.

Denken Sie z.B. an die Aufgabe: 0,2 + 0,04 . Da Sie anstelle von 0,2 auch 0,20 schreiben können (oder auch $\frac{2}{10} = \frac{20}{100}$), folgt daraus:

$$0{,}2 + 0{,}04 = \begin{array}{r} 0{,}20 \\ +\,0{,}04 \\ \hline 0{,}24 \end{array}$$

Und wie sieht es mit den Nachkommastellen bei der Multiplikation aus? Erinnern wir uns an die Multiplikation ganzer Zahlen: Die Anzahl der Nullen eines Produkts wird bestimmt von der Anzahl der Nullen, die die beiden Faktoren aufweisen. Für die Multiplikation von Dezimalzahlen gilt Vergleichbares: Die Anzahl der Dezimalstellen eines Produkts ist abhängig von der Anzahl der Dezimalstellen der beiden Faktoren.
Aus $0{,}2 \cdot 0{,}04 = \frac{2}{10} \cdot \frac{4}{100} = \frac{8}{1000}$ wird 0,008.

Allgemein lässt sich sagen: Addiert man die Dezimalstellen beider Faktoren rechts vom Komma, so erhält man die Anzahl der Dezimalstellen des Produkts.

Und wie steht es mit der Division von 0,2 : 0,04? Wenn Sie beide Zahlen mit 100 multiplizieren, fallen die Kommas weg. Das Ergebnis lautet dann als Bruch ausgedrückt: $\frac{20}{4} = 5$. (Die Zahl 0,04 weist zwei Stellen nach dem Komma auf. Wenn Sie sie mit 100 multiplizieren, um es zu beseitigen ($0{,}04 \cdot 100 = 4$), müssen Sie das Komma bei 0,2 entsprechend auch um zwei Stellen nach rechts verschieben: $0{,}2 \cdot 100 = 20$.)

Das richtige Setzen des Kommas

▷ **0,2 + 0,04 = ?**

$$0{,}2 = \frac{2}{10} = \frac{20}{100} = 0{,}20$$

$$\begin{array}{r} 0{,}20 \\ +\ 0{,}04 \\ \hline 0{,}24 \end{array}$$

Kommas immer untereinander setzen

▷ **0,2 · 0,04 = ?**

$$\frac{2}{10} \cdot \frac{4}{100} = \frac{8}{1000} = 0{,}008$$

▷ **0,2 : 0,04 = ?**

$$\frac{2}{10} : \frac{4}{100} = \frac{\frac{2}{10}}{\frac{4}{100}} = \frac{\frac{2}{10} \cdot 100}{\frac{4}{100} \cdot 100}$$

$$= \frac{2 \cdot 10}{4 \cdot 1} = \frac{20}{4} = 5$$

Jeder Bruch lässt sich in einen Dezimalbruch verwandeln, ...

Wie bereits erläutert, können Brüche verschiedenartig dargestellt werden, so entspricht $\frac{1}{2}$ auch $\frac{2}{4}$, $\frac{3}{6}$, $\frac{4}{8}$, $\frac{5}{10}$ usw.

Sie können Brüche aber auch anders angehen: Ein Bruch ist bekanntermaßen eine „unvollendete" Division.

Diese Division lässt sich zu Ende führen, wenn Sie den Zähler durch den Nenner teilen.

$\frac{1}{2}$ ist gleichbedeutend mit 1 geteilt durch 2. Wenn Sie Zähler und Nenner dieses Bruches mit 10 multiplizieren, erhalten Sie $\frac{10}{2} \cdot \frac{1}{10}$ bzw. $5 \cdot \frac{1}{10}$ oder 0,5. Diese Rechnung ist so einfach wie 10 geteilt durch 2; man muss nur auf das Komma achten.

Nach demselben Verfahren wird aus dem Bruch $\frac{1}{4}$ die Dezimalzahl 0,25. Es ist genauso, als würden Sie 100 durch 4 dividieren; Sie erhalten 25 als Ergebnis. – Vergessen Sie aber das Komma nicht, das um zwei Stellen nach links versetzt wird.

$\Rightarrow \frac{1}{4} = \frac{100}{4} \cdot \frac{1}{100} = 25 \cdot \frac{1}{100} = 0{,}25$

Und wie kommen Sie von $\frac{3}{4}$ auf 0,75? Multiplizieren Sie $\frac{1}{4}$ (= 0,25) mit 3, oder dividieren Sie die 3 durch die 4. Dazu rechnen Sie vereinfacht 300 : 4 und verschieben das Komma zum Schluss um zwei Stellen nach links.

Brüche in Dezimalzahlen verwandeln

$\frac{1}{2} = \frac{5}{10} = 0{,}5$ **oder** $\frac{1}{2} = \frac{10}{2} \cdot \frac{1}{10} = 5 \cdot \frac{1}{10} = 0{,}5$

$\frac{1}{4} = \frac{25}{100} = 0{,}25$ **oder** $\frac{1}{4} = \frac{100}{4} \cdot \frac{1}{100} = 25 \cdot \frac{1}{100} = 0{,}25$

$\frac{3}{4} = 3 \cdot \frac{1}{4} = 0{,}75$ **oder** $\frac{3}{4} = \frac{300}{4} \cdot \frac{1}{100} = 75 \cdot \frac{1}{100} = 0{,}75$

... wobei sich die Ziffern nach dem Komma periodisch fortsetzen können.

Nicht jeder Bruch lässt sich als endliche Dezimalzahl darstellen, es gibt viele, bei denen die Ziffernfolge nach dem Komma nie abbricht. – Bei $\frac{1}{3} = 0{,}333\ldots$ ist es die 3 und bei $\frac{1}{6} = 0{,}1666\ldots$ die 6, die sich endlos fortsetzt.

Der Bruch $\frac{1}{7}$ ist besonders interessant, denn die Dezimaldarstellung weist eine periodisch auftretende Folge von 6 Ziffern auf: 0,142857142857, d.h. die Ziffernfolge 142857 setzt sich unendlich fort. Dagegen wird $\frac{1}{9}$ wiederum zu 0,111... Hier wiederholt sich nur eine Ziffer.

Bei Brüchen, bei denen keine 1 im Zähler steht, müssen wir eingangs multiplizieren, um einen Bruch mit einer 1 im Zähler zu erzeugen: $\frac{2}{3}$ entspricht $2 \cdot \frac{1}{3}$ $= 2 \cdot 0{,}333\ldots$ und das ist wiederum $0{,}666\ldots$; $\frac{5}{9}$ entspricht $5 \cdot \frac{1}{9}$ $= 5 \cdot 0{,}111\ldots$ gleich $0{,}555\ldots$ usw.

Bei der Umwandlung von Brüchen in Dezimalzahlen bekommen wir entweder Dezimalzahlen mit abbrechender (z.B. $\frac{1}{2} = 0{,}5$) oder unendlicher Ziffernfolge. Ist der Nenner ein Vielfaches nur von 2 und/oder 5 (und damit erweiterbar auf eine Potenz von 10), bricht die Dezimaldarstellung ab, ansonsten lassen sich die Stellen unendlich lange fortsetzen.

Letztere werden auf zwei oder drei Stellen nach dem Komma „gerundet“. Damit werden sie für das Rechnen im Alltag leichter handhabbar. $\frac{1}{3}$ wird zu 0,333 und $\frac{2}{3}$ zu 0,667. Wenn die nachfolgende Ziffer kleiner als 5 ist, bleibt die dritte Ziffer unverändert, falls sie darüber liegt, wird sie um 1 erhöht. Die periodische Ziffernfolge kürzt man ab, indem man die periodischen Ziffern mit einem Periodenstrich kennzeichnet. Beispiel: $0{,}3333\ldots = 0{,}\overline{3}$

Dezimalbrüche mit periodischer Ziffernfolge

$\frac{1}{3} = ?$

$\frac{1}{3} = \frac{10}{3} \cdot \frac{1}{10} = 3{,}333\ldots \cdot \frac{1}{10}$

$= 0{,}333\ldots = 0{,}\overline{3}$

oder $\frac{1}{3} \approx 0{,}333$ *(„gerundet“)*

			(„gerundet“)
$\frac{1}{6}$	$= 0{,}1666\ldots$	$= 0{,}1\overline{6}$	$\approx 0{,}167$
$\frac{1}{7}$	$= 0{,}142857142857\ldots$	$= 0{,}\overline{142857}$	$\approx 0{,}143$
$\frac{1}{9}$	$= 0{,}111\ldots$	$= 0{,}\overline{1}$	$\approx 0{,}111$

Brüche und Dezimalzahlen helfen beim Multiplizieren.

Brüche spielen bei der Multiplikation eine wichtige Rolle, vor allem die, die sich bequem in Dezimalzahlen umwandeln lassen – die Addition von Brüchen ist hingegen fürs Kopfrechnen weniger wichtig.

Nehmen wir als Beispiel für eine Multiplikation die Aufgabe 25 · 32.

Sobald Sie bei dieser Aufgabe herausfinden, dass $\frac{1}{4} = 0{,}25$ ist, erkennen Sie auch, dass 25 eigentlich auch gleichbedeutend ist mit $\frac{100}{4}$.

Damit können Sie die eigentliche Aufgabe wesentlich vereinfachen:
Teilen Sie 32 durch 4 und multiplizieren das Ergebnis anschließend mit 100.
Die Lösung muss wie aus der Pistole geschossen kommen: 800.

Natürlich mögen Sie sich fragen: „Wie oft multipliziere ich schon mit dem Faktor 25?“ Vermutlich tatsächlich nicht allzu oft.

Dagegen lässt sich jedoch einwenden, dass sich **alle** Brüche in Dezimalzahlen umwandeln lassen und damit zur Vereinfachung von Rechenaufgaben beitragen. – Vor allem dann, wenn man hinterher mit 10er-Potenzen multipliziert, um Kommata zu verschieben. Damit wird 0,25 zu 2,5; 25 oder 250 usw.

Rechts sind die gebräuchlichsten Brüche und ihre Dezimalbruchentwicklungen aufgelistet (auf drei Stellen nach dem Komma gerundet); im Zähler steht jeweils die 1.

Diese Liste lässt sich mühelos erweitern, indem Sie die Zähler der Brüche verändern, d.h. $\frac{3}{8}$ entspricht $3 \cdot \frac{1}{8}$ oder $3 \cdot 0{,}125$ und das wiederum liefert 0,375. Hinzu kommen die verschiedenen Beziehungen der Zahlen untereinander:
„$\frac{1}{12}$ ist die Hälfte von $\frac{1}{6}$“ oder:
„$\frac{1}{3}$ ist dreimal $\frac{1}{9}$“ usw.

Brüche und ihre Dezimalschreibweise

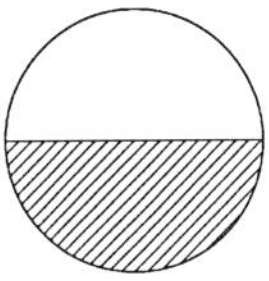

$\frac{1}{2} = 0{,}5$

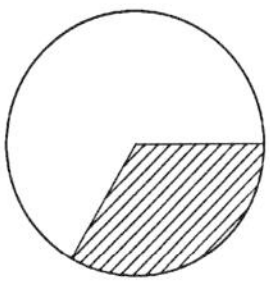

$\frac{1}{3} = 0{,}333\ldots = 0{,}\overline{3}$

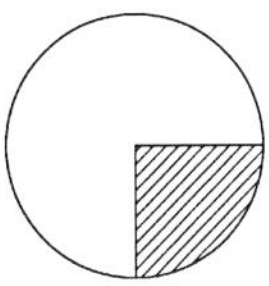

$\frac{1}{4} = 0{,}25$

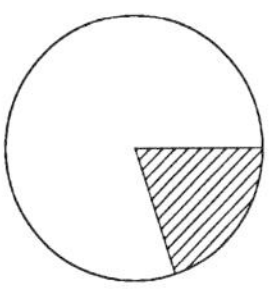

$\frac{1}{5} = 0{,}2$

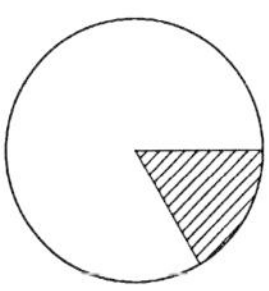

$\frac{1}{6} = 0{,}1666\ldots = 0{,}1\overline{6}$

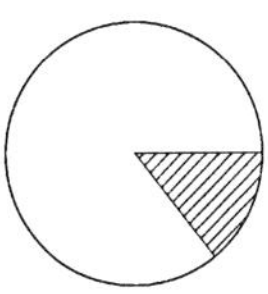

$\frac{1}{7} \approx 0{,}143$ (gerundet)

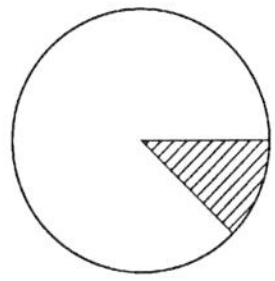

$\frac{1}{8} = 0{,}125$

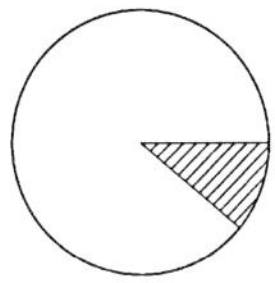

$\frac{1}{9} = 0{,}111\ldots = 0{,}\overline{1}$

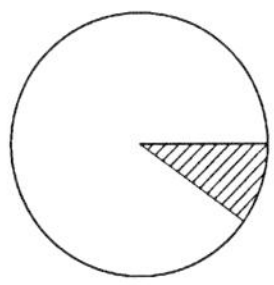

$\frac{1}{10} = 0{,}1$

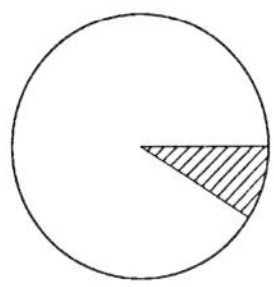

$\frac{1}{11} = 0{,}0909\ldots = 0{,}\overline{09}$

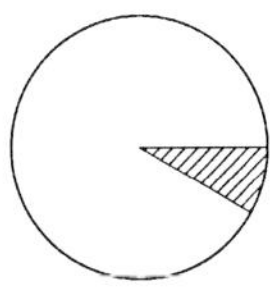

$\frac{1}{12} = 0{,}0833\ldots = 0{,}08\overline{3}$

Prozent bedeutet „von Hundert"[1] ...

Einfache Brüche können jede beliebige Zahl im Nenner aufweisen. Bei $\frac{1}{2}$ ist es die 2, bei $\frac{1}{3}$ die 3, bei $\frac{1}{5}$ die 5 usw. Die Null darf im Nenner jedoch nicht vorkommen, da die Divison durch Null nicht durchführbar ist.

Bei Dezimalbrüchen dagegen basiert der Nenner stets auf einem Vielfachen von 10, obwohl dies auf den ersten Blick nicht ersichtlich wird; nur der Stellenwert der einzelnen Ziffern gibt uns Auskunft darüber: $0{,}4 = \frac{4}{10}$, $0{,}35 = \frac{35}{100}$, $0{,}008 = \frac{8}{1000}$.

Eine Prozentzahl verkörpert einen Bruch, bei dem der Nenner grundsätzlich 100 ist, obwohl dies nicht ausdrücklich erwähnt wird. Daher entsprechen 25 % auch $\frac{25}{100}$, $5\,\% = \frac{5}{100}$ usw.

Viele Dinge im täglichen Leben basieren auf der Zahl 100, ein Euro etwa zählt 100 Cents. – In Gelddingen bietet sich die Prozentrechnung geradezu an: 25 Prozent eines Euros sind 25 Cents und 5 Prozent sind 5 Cents usw.

Natürlich können wir nicht immer von 100 ausgehen, eine Schulklasse z.B. mag aus nur 50 Schülern bestehen. Wenn wir so tun, als hätte die Klasse 100 Schüler, wären 30 Schüler mit 30 Prozent gleichzusetzen; da die Klasse nur aus der Hälfte der Schüler besteht, könnten wie diese Anzahl durch 2 teilen und das Ergebnis lautet: 15.

[1] Prozent = pro centum (lat.)
= von Hundert

Prozent heißt „von Hundert"

$25\% = \frac{25}{100}$ $\qquad$ $5\,\% = \frac{5}{100}$

Eine Schulklasse zählt 50 Schüler.
Wie viele Schüler sind 30 Prozent davon?

$30\% = \frac{30}{100} = \frac{15}{50} =$ **15 Schüler von 50**

... und können mühelos in Brüche oder Dezimalzahlen umgewandelt werden.

Prozentrechnen ist gleichbedeutend mit Bruchrechnen; das Besondere daran ist, dass der Nenner (=100) unsichtbar bleibt.

Sie können jede Prozentrechnung in einen Bruch umwandeln, indem Sie die 100 unter den Bruchstrich setzen und so weit wie möglich kürzen.

Aus einer Prozentzahl lässt sich auch eine Dezimalzahl machen, Sie brauchen nur durch 100 teilen, indem Sie das Komma um zwei Stellen nach links verschieben.

Folgende Beispiele sollen dieses verdeutlichen:

1.) 25 % entsprechen $\frac{25}{100}$. Wenn Sie die 25 durch 100 teilen, indem Sie das Komma um zwei Stellen nach links verschieben, erhalten Sie den dazugehörigen Dezimalbruch von 0,25. Bleiben Sie dagegen beim Bruch, dann kürzen Sie mit 25 und Sie erhalten als Ergebnis $\frac{1}{4}$.

2.) 50 % entsprechen $\frac{50}{100}$. Wenn Sie das Komma um 2 Stellen verschieben, dann erhalten Sie als Dezimalzahl 0,50 bzw. 0,5 (da $\frac{5}{10}$ gleichbedeutend ist mit $\frac{50}{100}$, entspricht 0,5 auch 0,50). Kürzen Sie dagegen mit 50, dann erhalten Sie $\frac{1}{2}$ als Ergebnis.
Das Gleiche gilt für 5%
$= \frac{5}{100} = 0{,}05 = \frac{1}{20}$ (gekürzt mit 5)
oder für 36 %
$= \frac{36}{100} = 0{,}36 = \frac{9}{25}$ (gekürzt mit 4)
oder 160 %
$= \frac{160}{100} = 1{,}60 = \frac{8}{5}$ (gekürzt mit 20).

Das Umrechnen von Prozenten

	Dezimalzahl	Bruch
$25\,\% = \frac{25}{100}$	$= 0{,}25$	$\frac{1}{4}$
$50\,\% = \frac{50}{100}$	$= 0{,}50$	$\frac{1}{2}$
$5\,\% = \frac{5}{100}$	$= 0{,}05$	$\frac{1}{20}$

	Dezimalzahl	Bruch
$36\,\% = \frac{36}{100}$	$= 0{,}36$	$\frac{9}{25}$
$160\,\% = \frac{160}{100}$	$= 1{,}60$	$\frac{8}{5}$

Selbst Dezimalzahlen mit periodischer Ziffernfolge sind kein Problem.

Bei der Umwandlung von Brüchen in Dezimalzahlen kann es vorkommen, dass sich die Ziffern nach dem Komma ins Endlose fortsetzen, so etwa bei $\frac{1}{3} = 0{,}333...$, $\frac{1}{6} = 0{,}1666...$, $\frac{2}{3} = 0{,}666...$ usw. – Wie sollen wir diese Zahlen in Prozentzahlen umwandeln?

Nehmen wir als Beispiel $\frac{1}{3} = 0{,}333...$ Für die Prozentrechnung brauchen wir eine 100 im Nenner. Dazu können wir die Dezimalzahl 0,333... mit 100 multiplizieren und im Anschluss daran durch 100 dividieren. (Der Wert des Bruches bleibt dadurch unverändert.)

Damit haben wir die 100 im Nenner: $\frac{33{,}333...}{100}$. Dieser schrecklich aussehende Bruch sieht in Prozent ausgedrückt so aus: 33,333... %. Wir können ihn aber auch so schreiben: $33 + \frac{1}{3} = 33\frac{1}{3}\,\%$.

Daher wird $\frac{1}{3}$ als Prozentzahl üblicherweise als $33\frac{1}{3}\,\%$ geschrieben.

Ähnliche Brüche mit periodischer Ziffernfolge, können auf dieselbe Weise umgeformt werden:

$\frac{1}{6} = \frac{16{,}666...}{100} = 16\frac{2}{3}\,\%$;
$\frac{2}{3} = \frac{66{,}666...}{100} = 66\frac{2}{3}\,\%$;
$\frac{1}{12} = \frac{8{,}333...}{100} = 8\frac{1}{3}\,\%$.

Gemischte Brüche, d.h. Brüche, die aus einer ganzen Zahl und einem Bruch bestehen, ersparen uns in solchen Fällen die Verwendung des Kommas und das Runden.

Prozentberechnung (Fortsetzung)

Bruch	Dezimal		Prozent
$\frac{1}{3}$	$= 0{,}333\ldots$	$= \frac{33{,}333\ldots}{100}$	$= 33\frac{1}{3}\,\%$
$\frac{1}{6}$	$= 0{,}1666\ldots$	$= \frac{16{,}666\ldots}{100}$	$= 16\frac{2}{3}\,\%$
$\frac{2}{3}$	$= 0{,}666\ldots$	$= \frac{66{,}666\ldots}{100}$	$= 66\frac{2}{3}\,\%$
$\frac{1}{12}$	$= 0{,}08333\ldots$	$= \frac{8{,}333\ldots}{100}$	$= 8\frac{1}{3}\,\%$

Die Fragestellungen beim Prozentrechnen sind unterschiedlich.

Prozentrechnungen gestalten sich manchmal schwierig, weil unklar ist, mit welcher Zahl multipliziert oder durch welche Zahl geteilt werden muss. Die Fragestellungen könnten in etwa so lauten:

1.) Wie viel sind 25 % von 32?
2.) 12 stellt wie viel Prozent von 36 dar?
3.) 7 entspricht 20 % von welcher Menge?

Diese Fragen hängen alle zusammen und entspringen folgenden Beziehungen: „A % von B = C" oder A · B = C.

Die erste Frage fragt nach C, die zweite bezieht sich auf A, und die dritte auf B.

Für die Beantwortung der ersten Frage müssen Sie 25 % bzw. $\frac{1}{4}$ mit 32 multiplizieren (das entspricht 32 : 4) und Sie erhalten 8 als Ergebnis.

Die zweite Frage lässt sich beantworten, indem Sie 12 durch 36 teilen: $\frac{12}{36} = \frac{1}{3}$ bzw. $33\frac{1}{3}$ %.

Die letzte Frage lautet: 7 entspricht 20 % von welcher Menge? Das bedeutet, 7 entspricht 20 % bzw. $\frac{1}{5}$ der gesuchten Zahl. Multiplizieren Sie also 7 · 5 (oder teilen Sie 7 durch $\frac{1}{5}$) und Sie erhalten die richtige Antwort, nämlich 35.

Fragestellungen beim Prozentrechnen

Wie viel sind 25 % von 32?

$25\,\% = \frac{1}{4}$ $\qquad$ $\frac{1}{4} \cdot 32 = 8$

12 stellt wie viel Prozent von 36 dar?

$\frac{12}{36} = \frac{1}{3}$ $\qquad$ $\frac{1}{3} = 33\frac{1}{3}\,\%$

7 entspricht 20 % von welcher Menge?

$20\,\% = \frac{1}{5}$ $\qquad$ $7 = \frac{1}{5}$ von ? $\qquad$ $5 \cdot 7 = 35$

Glossar

Auf viele der hier erklärten Begriffe wurde im bisherigen Text absichtlich verzichtet. Da es sich aber um allgemein gebräuchliche mathematische Fachausdrücke handelt, sollte man sich mit ihnen anfreunden.

Algebra: allgemeingültige Arithmetik, bei der die Zahlen durch Buchstaben, sprich Variablen, ersetzt werden. Ein Beispiel dafür ist das Kommutativgesetz der Addition, bei dem die Buchstaben a und b stellvertretend für alle natürlichen Zahlen stehen: $a + b = b + a$.

Arabische Ziffern sind die Ziffern, auf denen unser Zahlensystem aufgebaut ist: 0, 1, 2, 3, 4, 5, 6, 7, 8, 9. Man nimmt an, dass sie ursprünglich aus Indien stammen und über die Araber nach Europa kamen.

Assoziativgesetz der Addition: ein mathematisches Gesetz mit der Aussage $a + (b + c) = (a + b) + c$, wobei die Buchstaben a, b, und c stellvertretend für alle natürlichen Zahlen stehen.
Beispiel: $4 + (2 + 7) = (4 + 2) + 7$ oder $4 + 9 = 6 + 7$.
In Worten: Summanden können nach Belieben gruppiert werden.

Assoziativgesetz der Multiplikation: ein mathematisches Gesetz mit der Aussage $a \cdot (b \cdot c) = (a \cdot b) \cdot c$, wobei die Buchstaben a, b und c stellvertretend für alle natürlichen Zahlen stehen.
Beispiel: $5 \cdot (3 \cdot 8) = (5 \cdot 3) \cdot 8$ oder $5 \cdot 24 = 15 \cdot 8$.
In Worten: Faktoren können nach Belieben gruppiert werden.

Basis: Die Basis unseres Zahlsystems (= Dezimalsystem) ist die 10. Sie bezeichnet die Anzahl der Elemente an einer Stelle des Stellenwertsystems, die zusammengefasst werden müssen, bevor ein Übertrag erzeugt wird. Daher weist unser Stellenwertsystem eine 10er-Bündelung auf, d.h. 10 Elemente werden zusammengefasst und erzeugen einen Übertrag.

Glossar

Bruch: Divisionsaufgaben lassen sich auch als Bruch darstellen. Der Dividend (= Zähler) steht über dem Bruchstrich und der Divisor (= Nenner) unterhalb.
Bei $\frac{2}{3}$ ist die 2 der Zähler und die 3 der Nenner.

Dezimalbruch: ein durch Komma bezeichneter Bruch, dessen Nenner aus einer Potenz von 10 besteht (10, 100, 1000 usw.).
Beispiel: $0{,}45 = \frac{45}{100}$

Dezimalzahlen sind alle Zahlen mit einem Komma wie 3,14 oder 0,007. Jede Dezimalzahl zerfällt so in einen ganzen und einen gebrochenen Anteil.

Dezimalen sind die Ziffern nach dem Komma.
Beispiel: Bei 3,14 ist die 1 die erste Dezimale und die 4 die zweite Dezimale nach dem Komma.

Dezimalpunkt (oder Dezimalkomma) trennt die Einer, Zehner, Hunderter usw. von den Zehnteln, Hundertsteln, Tausendsteln usw. Bei 3,14 liegt das Komma zwischen der 3 und der 1.

Dezimalsystem: unser Zahlensystem zur Basis 10.

Differenz: Sie ist das Ergebnis einer Subtraktion.
Bei $5 - 3 = 2$ ist es die 2, wobei die 5 als Minuend und die 3 als Subtrahend bezeichnet wird.

Distributivgesetz: ein mathematisches Gesetz mit der Aussage
$a \cdot (b + c) = (a \cdot b) + (a \cdot c)$ oder auch
$(a + b) \cdot c = (a \cdot c) + (b \cdot c)$ wobei die Buchstaben a, b und c stellvertretend für alle natürlichen Zahlen stehen.
Beispiel: $3 \cdot (5 + 6) = (3 \cdot 5) + (3 \cdot 6)$
$\Rightarrow 3 \cdot 11 = 15 + 18$.

Dividend ist die Zahl, die durch eine andere Zahl geteilt wird.
In $6 : 3 = 2$ ist es die 6, wobei die 3 als Divisor und die 2 als Quotient bezeichnet wird.

Divisor ist die Zahl, durch die eine andere Zahl geteilt wird. In 21 : 7 = 3 ist es die 7, wobei die 21 als Dividend und die 3 als Quotient bezeichnet wird.

Echter Bruch: Ein Bruch wird dann als echt bezeichnet, wenn der Zähler kleiner ist als der Nenner, wie in $\frac{3}{4}$. Ist der Zähler gleich oder größer, spricht man von einem unechten Bruch.

Einfacher Bruch: Bei einfachen Brüchen bestehen Zähler und Nenner jeweils aus einer ganzen Zahl, wie $\frac{2}{3}$.

Endliche Dezimalzahlen brechen nach endlich vielen Stellen hinter dem Komma ab, wie 0,125; periodische Dezimalzahlen dagegen wie 0,666... sind unendlich.

Exponent: (*auch Hochzahl genannt*) Die Hochzahl gibt an, wie oft eine Zahl mit sich selbst multipliziert werden soll: $4^2 = 4 \cdot 4$, $10^3 = 10 \cdot 10 \cdot 10$. Zahlen mit dem Exponenten 2 werden auch Quadratzahlen genannt. 10^3 wird gelesen als „zehn hoch drei" oder „die dritte Potenz von 10".

Faktoren: Zwei Zahlen, die miteinander multipliziert werden, nennt man Faktoren. In $7 \cdot 4 = 28$ lautet der erste Faktor 7 und der zweite Faktor 4. Die 28 wird als Produkt bezeichnet. Jede zusammengesetzte Zahl lässt sich in Faktoren zerlegen, die Zahl 18 z.B. in $2 \cdot 9$ oder $2 \cdot 3 \cdot 3$.

Ganze Zahlen sind die Zahlen 0, 1, 2, 3, 4 ..., eingeschlossen sind die negativen Zahlen – 1, – 2, – 3 ... Als Gegensatz dazu geben Brüche und Dezimalzahlen auch Bruchteile von Zahlen wieder.

Gemeinsamer Nenner: Der gemeinsame Nenner zweier Brüche ist die Zahl, die sich durch beide Nenner teilen lässt. Die Zahl 20 ist ein gemeinsamer Nenner von $\frac{1}{4}$ und $\frac{1}{5}$, da sie durch 4 und 5 teilbar ist.

Glossar

Gemeinsamer Teiler: Eine Zahl, die jede von zwei oder mehreren Zahlen gleichzeitig teilt, wird als gemeinsamer Teiler bezeichnet. So ist die 3 der gemeinsame Teiler von 6 und 15.

Gemeinsames Vielfaches: Eine Zahl, die ein Vielfaches von zwei oder mehreren Zahlen ist, wird gemeinsames Vielfaches genannt. Das gemeinsame Vielfache von 6 und 4 ist 12.

Gemischter Bruch: ein Bruch, der aus einer ganzen Zahl und einem Bruch besteht, wie z.B. $3\frac{5}{8}$.

Größter gemeinsamer Teiler: (*abgekürzt ggT*) der größte gemeinsame Faktor von zwei oder mehr Zahlen. Der ggT von 16 und 28 ist 4.

Identität: eine Gleichung, die eine wahre Aussage darstellt wie $a + b = b + a$, wobei für a und b alle Werte einer Grundmenge eingesetzt werden können. Bei einer Identität muss man stets angeben, auf welcher Grundmenge sie besteht (z.B. Menge ganzer Zahlen).

Irrationale Zahlen sind jene Zahlen, die nicht als ganze Zahlen oder Brüche dargestellt werden können, wie etwa die Wurzel aus 2. Mit eingeschlossen sind die transzendenten Zahlen wie die Zahl $\pi = 3{,}14159\ldots$ (Zahlen, bei denen die Ziffernfolge nach dem Komma nicht abbricht, wobei sich diese Ziffernfolge aber auch nicht wiederholt.)

Kardinalzahlen geben Auskunft über die Größen von Mengen, und zwar ohne die Zuordnung einer bestimmten Reihenfolge, so etwa, wenn wir von „5 Menschen" sprechen. Die Ordnungszahlen dagegen beziehen sich auf die Reihenfolge.

Kehrwert: (oder reziproker Wert) Dividiert man 1 durch eine Zahl, so erhält man ihren Kehrwert; der Kehrwert von 2 ist $\frac{1}{2}$. Bei Brüchen werden dazu Zähler und Nenner vertauscht. Umgekehrt gilt: Wird eine Zahl mit ihrem Kehrwert multipliziert, so erhält man stets den Wert 1, wie $\frac{3}{4} \cdot \frac{4}{3} = 1$.

Kleinstes gemeinsames Vielfaches: (*abgekürzt kgV*) das kgV zweier oder mehrerer Zahlen ist die kleinste Zahl, die durch alle diese Zahlen geteilt werden kann.
Beispiel: Das kgV von 2, 3 und 4 ist 12.

Kommutativgesetz der Addition: Für die Variablen a und b gilt, dass $a + b = b + a$.
Beispiel: $8 + 5 = 5 + 8$.
In Worten: Summanden können beliebig vertauscht werden.

Kommutativgesetz der Multiplikation: Für die Variablen a und b gilt, dass $a \cdot b = b \cdot a$.
Beispiel: $3 \cdot 7 = 7 \cdot 3$.
In Worten: Faktoren können beliebig vertauscht werden.

Komplexer (doppelter) Bruch: Ein Bruch, dessen Zähler und Nenner wiederum aus Brüchen bestehen, ist ein komplexer Bruch, wie $\frac{\frac{1}{3}}{\frac{4}{5}}$. Im Gegensatz dazu gibt es den einfachen Bruch, dessen Zähler und Nenner aus einer ganzen Zahl bestehen.

Kürzen: Dividiert man Zähler und Nenner durch ein und dieselbe Zahl, so spricht man vom Kürzen. Die günstigste Vereinfachung ist dann erreicht, wenn ein Bruch nicht mehr weiter gekürzt werden kann, z.B. $\frac{1}{2}$ im Vergleich zu $\frac{5}{10}$.

Minuend: eine Zahl, von der eine andere Zahl subtrahiert wird. In $8 - 3 = 5$ ist die 8 der Minuend, während die 3 als Subtrahend und die 5 als Differenz bezeichnet wird.

Natürliche Zahlen: Natürliche Zahlen nennt man die Zahlen, mit denen wir zählen, also: 1, 2, 3, 4 …

Nenner: Bei einem Bruch ist der Nenner die Zahl unter dem Bruchstrich. Beim Bruch $\frac{3}{5}$ lautet der Nenner 5. Die 3 ist der Zähler.

Ordnungszahl: (oder Ordinalzahl) eine Zahl, die eine bestimmte Anordnung oder Reihenfolge festlegt, wie die 15 in „15. Februar 2000". Im Gegensatz dazu stehen die Kardinalzahlen, die über die Größen von Mengen Auskunft geben.

Periodische Dezimalzahlen: Dezimalzahlen, deren Ziffern nach dem Komma beliebig lange fortgesetzt werden können, wie $0{,}333\ldots = 0{,}\overline{3}$, $0{,}1666\ldots = 0{,}1\overline{6}$ und $0{,}0909\ldots = 0{,}\overline{09}$, im Gegensatz zu endlichen Dezimalzahlen und irrationalen Zahlen wie manchen Wurzeln und der Zahl π.
Rationale Zahlen lassen sich entweder als endliche oder periodische Dezimalzahlen darstellen.

Potenz: das Ergebnis des *Potenzierens* wie z.B.:
10^4 („zehn hoch 4") = $10 \cdot 10 \cdot 10 \cdot 10$)= 10 000.
Der Exponent gibt an, wie oft die Zahl mit sich selbst multipliziert wird.

Primfaktoren-zerlegung: Ganze Zahlen lassen sich nur auf eine einzige Weise in ihre Primfaktoren zerlegen, die 12 z.B. nur in $2 \cdot 2 \cdot 3$.

Primzahlen sind Zahlen, die nur durch sich selbst und durch 1 geteilt werden können, wie 2, 3, 5, 7, 11, 13 usw. Im Gegensatz dazu gibt es die zusammengesetzten Zahlen wie 4, 6, 8, 9, 10, 12 usw. Alle Primzahlen (abgesehen von 2) sind ungerade. Die 1 wird nicht als Primzahl betrachtet.

Produkt: Werden zwei oder mehr Faktoren miteinander multipliziert, so entsteht ein Produkt. In $9 \cdot 5 = 45$ wird die 45 als Produkt bezeichnet, die 9 als der erste Faktor und die 5 als der zweite Faktor.

Prozent: Teile von Hundert, gekennzeichnet durch das Prozentzeichen %.
17% ist als Zahl gleichbedeutend mit $\frac{17}{100}$.

Runden: Eine Zahl wird auf- oder abgerundet, indem man die Nachkommastellen von einer bestimmten Stelle an streicht. Ist die erste der gestrichenen Ziffern kleiner als 5, so lässt man die vorangehende unverändert; ist sie größer oder gleich 5, so erhöht man ihren Wert um 1.

0,33(3) ⟶ $< 5 \Rightarrow$ 0,33	0,16(6) ⟶ $> 5 \Rightarrow$ 0,17

Aus 0,333... wird 0,33 und aus 0,166... wird 0,17, wenn auf zwei Stellen nach dem Komma gerundet wird.

Quadrat: Das Quadrat einer Zahl entsteht durch ihre Multiplikation mit sich selbst. Das Quadrat von 10 ist $10 \cdot 10 = 100$ oder $10^2 = 100$.

Quadratwurzel: Die Quadratwurzel aus einer Zahl a ist die Zahl b, deren 2. Potenz b^2 gleich a ist. Die Quadratwurzel aus 25 ($\sqrt{25}$) ist 5, da 5^2 gleich $5 \cdot 5 = 25$.

Quotient: Werden zwei Zahlen dividiert, so wird das Ergebnis dieser Division Quotient genannt.
Beispiel: In $24 : 6 = 4$ ist die 4 der Quotient, 24 der Dividend, und 6 der Divisor.

Rationale Zahlen sind Brüche mit ganzen Zahlen im Zähler und Nenner. Diese können positiv (mit positivem Vorzeichen +) oder negativ (mit negativem Vorzeichen –) sein.

Reelle Zahlen: Die Gesamtheit aller irrationalen Zahlen (transzendente Zahlen eingeschlossen) und der rationalen Zahlen ergibt die Menge der reellen Zahlen.

Rest: Wenn Divisionen nicht aufgehen, bleibt ein Rest, so ist 15 : 6 gleich 2 Rest 3. Da $15 - (6 \cdot 2)$ gleich 3 ist, entspricht der Rest dem Dividenden minus dem Produkt aus Divisor und Quotient.

Glossar

Stellenwert: Der Wert einer Ziffer wird bestimmt von dem Platz, den sie innerhalb einer Zahl innehat. Die 7 in der Zahl 27 hat den Wert von 7 Einern, in der Zahl 735 dagegen von 7 Hundertern.

Subtrahend: Die Zahl, die von einer anderen Zahl subtrahiert wird, wird als Subtrahend bezeichnet. In 13 – 9 = 4 lautet der Subtrahend 9, der Minuend 13 und die Differenz 4.

Summand: Zahlen, die miteinander addiert werden, heißen Summanden; in 4 + 5 = 9 werden 4 und 5 als Summanden bezeichnet und 9 als die Summe.

Summe: Werden zwei oder mehr Zahlen miteinander addiert, so erhält man als Ergebnis die Summe dieser Zahlen. In 23 + 49 = 72 ist die 72 die Summe und die 23 und 49 die beiden Summanden.

Teilbare Zahlen sind Zahlen, die in Einzelfaktoren zerlegt werden können. *Beispiel:* die Zahl 6 kann in 2 · 3 zerlegt werden. Primzahlen dagegen sind nicht weiter teilbar.

Teilprodukt: Bei der schriftlichen Multiplikation zweier zweistelliger Zahlen entstehen zwei Teilprodukte. Bei 13 · 45 z.B. (3 · 45) und (10 · 45).

Umkehroperation ist eine Rechenoperation, die eine vorangegangene aufhebt: Eine Addition kann durch die anschließende Subtraktion der gleichen Zahl rückgängig gemacht werden. Das gleiche Prinzip gilt für die Multiplikation und die Division.

Ungleichung bezeichnet die Aussage, dass eine Zahl kleiner oder größer ist als eine andere. Bei zwei Zahlen a und b heißt $a < b$, dass a kleiner ist als b, und $a > b$ heißt, dass a größer ist als b.

Unechter Bruch: ein Bruch, dessen Zähler entweder gleich groß oder größer ist als der Nenner wie z.B. $\frac{5}{4}$. Beim echten Bruch dagegen ist der Zähler kleiner als der Nenner.

Verhältnis: die relative Größe zweier Zahlen zueinander, ausgedrückt als Bruch oder Quotient wie $\frac{a}{b}$ oder a : b, wobei die Buchstaben a und b die natürlichen Zahlen vertreten.
Beispiel: Das Verhältnis von 4 zu 7 entspricht $\frac{4}{7}$.

Verhältnisgleichung: eine Gleichung in der Form von a : b = c : d (oder $\frac{a}{b} = \frac{c}{d}$), wobei die Buchstaben a, b, c, d die natürlichen Zahlen vertreten.
Beispiel: $\frac{3}{5} = \frac{6}{10}$ heißt: 3 verhält sich zu 5 wie 6 zu 10.

Vielfaches: eine ganze Zahl, die ein Produkt der gegebenen Zahl und einer anderen Zahl ist. 10 ist ein Vielfaches von 2 (sowie auch ein Vielfaches von 5). Eine Zahl ist ein Vielfaches jedes ihrer Faktoren.

Wurzel: Eine Zahl, die – entsprechend oft mit sich selbst multipliziert – die gegebene Zahl a ergibt, heißt n-te Wurzel aus a.
Beispiel: 4 ist die dritte Wurzel aus 64.
$\Rightarrow \sqrt[3]{64} = 4$, da $4^3 = 4 \cdot 4 \cdot 4 = 64$.

Zahlzeichen: die Symbole, mit denen Zahlen dargestellt werden können, so die Arabischen Ziffern (0, 1, 2, 3 …) oder die Römischen Ziffern (I, II, III, IV …)

Zähler: Die Zahl über dem Bruchstrich ist der Zähler, die Zahl darunter der Nenner. Bei $\frac{3}{5}$ ist der Zähler 3, der Nenner dagegen 5.

Ziffer: Mit den Ziffernzeichen 0, 1, 2, 3, 4, 5, 6, 7, 8, 9 lassen sich beliebige Zahlen darstellen.
Beispiel: Die Zahl 516 besteht aus den Ziffern 5, 1 und 6.